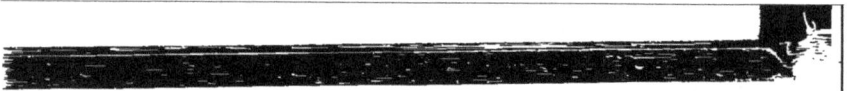

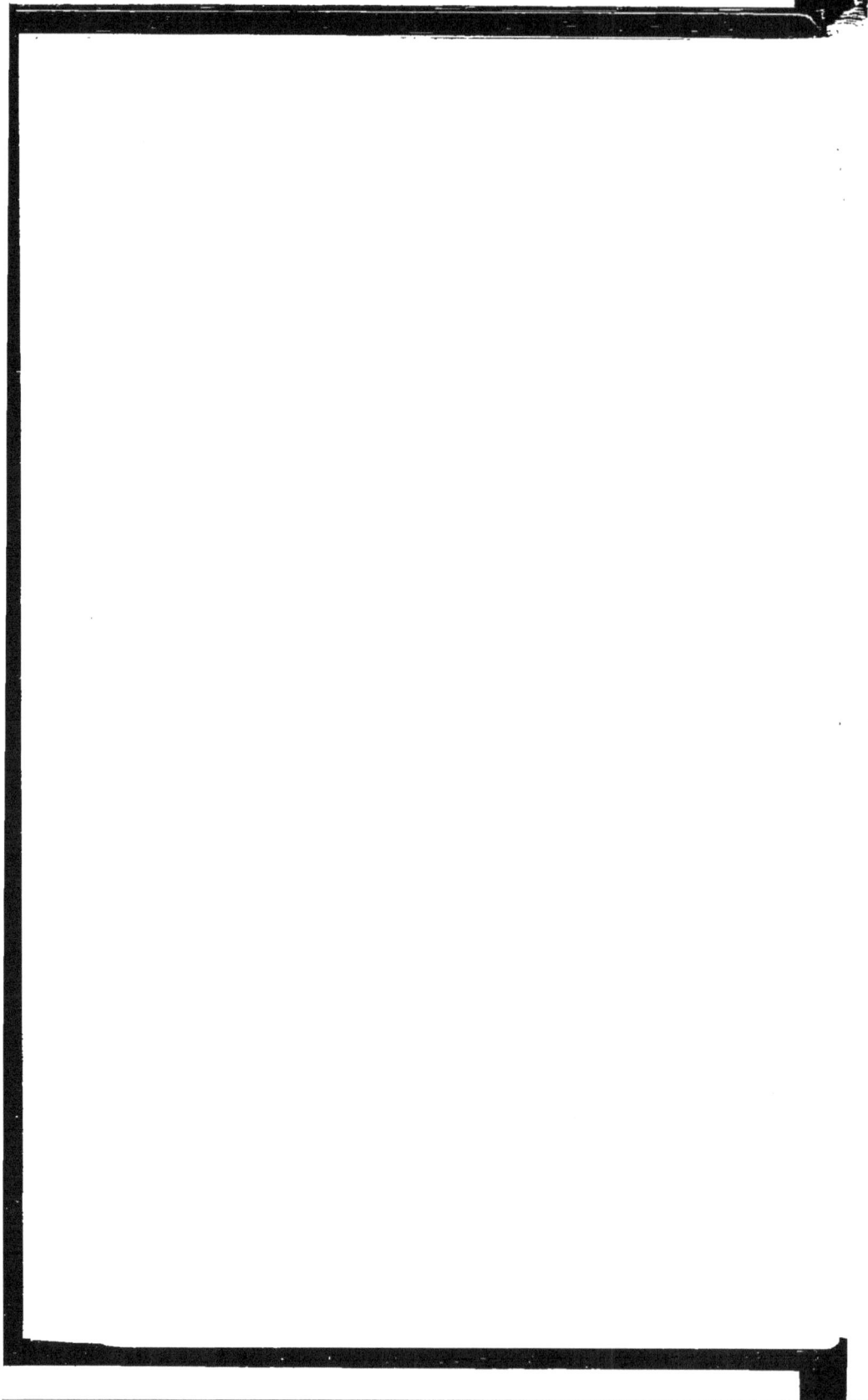

LE CURÉ

DANS SES RAPPORTS

AVEC LE MAIRE ET LES FABRICIENS

OUVRAGE

ÉMINEMMENT UTILE AU CLERGÉ PAROISSIAL

PAR

M. L'ABBÉ DESTAVILLE

Curé

PARIS

AUX BUREAUX DE L'ŒUVRE DU COMMISSIONNAIRE DU CLERGÉ

12, RUE DE TOURNON, 12.

1865

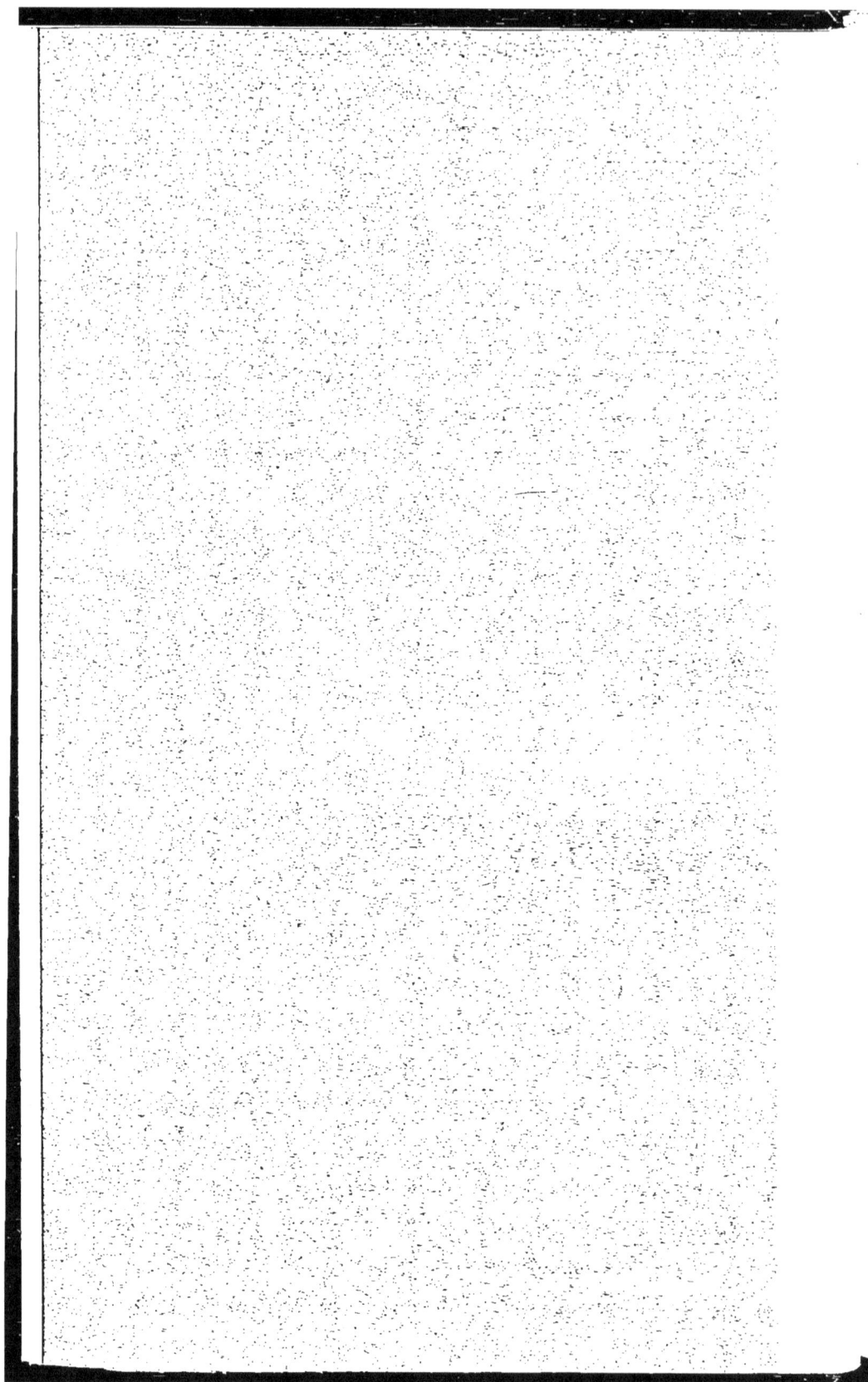

LE CURÉ

DANS SES RAPPORTS

AVEC LE MAIRE ET LES FABRICIENS

Paris. — Typ. de Cosson et comp., rue du Four-Saint-Germain, 43.

LE CURÉ

DANS SES RAPPORTS

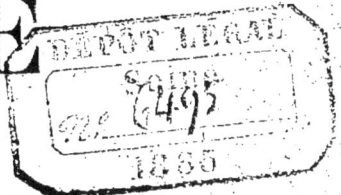

AVEC LE MAIRE ET LES FABRICIENS

OÙ SE TROUVE CLAIREMENT EXPLIQUÉE

D'après la loi et les plus récentes décisions ministérielles, arrêts du Conseil d'État, arrêts de Cour de cassation,

L'attitude du Curé vis-à-vis de ses Fabriciens, et principalement vis-à-vis du Maire dans tous les cas où ces deux autorités locales peuvent se trouver sur un terrain commun, touchant la police du culte, le service des cloches, les édifices religieux, les processions, cérémonies et fêtes nationales, touchant le Conseil des fabriques, les mariages et enterrements, l'instruction primaire, les quêtes et aumônes.

OUVRAGE ÉMINEMMENT UTILE AU CLERGÉ PAROISSIAL

PAR

M. L'ABBÉ DESTAVILLE

Prêtre, Curé.

PARIS

AUX BUREAUX DE L'ŒUVRE DU COMMISSIONNAIRE DU CLERGÉ

12, RUE DE TOURNON, 12.

1865

Il n'est presque pas de Curé qui, dans son ministère, n'ait eu quelques difficultés à surmonter dans ses rapports avec les fabriques ou avec l'autorité municipale. En ces heures bien pénibles quelquefois et bien lourdes à la vie, le pauvre prêtre sent le besoin, pour ne pas se compromettre, de connaître ce qu'il a à faire au point de vue de la loi civile, soit avec les uns, soit avec les autres. Il voudrait consulter les ouvrages qui traitent les matières qui l'embarrassent, et les ouvrages en son pouvoir, composés pour le clergé, ne peuvent, dans la plupart des cas, le satisfaire, parce qu'ils sont incomplets, parce qu'ils ne traitent que les rapports des curés avec les fabriques. Tous, à peu près, se taisent sur l'attitude du curé vis-à-vis de l'officier civil, qui, dans beaucoup de circonstances, peut, à tort ou à raison, gêner la liberté du prêtre dans l'exercice extérieur du culte catholique.

C'est pour venir en aide, dans ces heures d'épreuve, à nos frères dans le sacerdoce, que nous avons entrepris cet important travail qu'ils pourront consulter dans toutes les difficultés qu'ils trouveront au sein des fabriques et dans celles que des relations plus ou moins tendues avec l'autorité communale pourraient leur susciter. En se conformant à ce que nous y disons, nos confrères agiront toujours avec sûreté et prudence, appuyés qu'ils seront sur la loi qui règle les devoirs des uns et des autres, ou sur ce que, dans son silence, en auront dit ses interprètes les plus accrédités.

Nous divisons en deux parties principales la matière que nous traitons dans cet ouvrage.

La première est consacrée à toutes les questions qui font rencontrer le curé et le maire sur un terrain commun ; la seconde, à toutes celles qui regardent les fabriques.

A la fin de l'ouvrage, nous donnons les modèles des principaux actes que la fabrique peut être obligée de faire.

LE CURÉ

DANS SES RAPPORTS

AVEC LES MAIRES ET LES FABRICIENS

PREMIERE PARTIE

RAPPORTS DES CURÉS AVEC LES MAIRES SUR TOUS LES POINTS
OU CES DEUX AUTORITÉS PEUVENT SE RENCONTRER.

En France, dans toute paroisse, le Curé, représentant l'autorité spirituelle, a toujours à
ses côtés un autre représentant de l'autorité civile, qui porte le nom de Maire.

A l'un appartient de garder le temple, de
veiller à ce que l'ordre y règne et de faire observer les lois canoniques.

A l'autre est dévolue la tâche de veiller à
l'ordre public ; et, en matière religieuse, de
veiller à l'exercice libre et paisible du culte
catholique. (Art. 1er du Concordat de 1801 ;
art. 7 de la loi du 18 germinal an x.)

Or, de l'existence de ces deux autorités l'une à côté de l'autre, des relations intimes qu'il y y a quelquefois dans leurs attributions respectives, résultent certaines difficultés que nous allons essayer de résoudre, d'après les lois et les règlements en vigueur, d'après des décisions ministérielles que déjà des conflits entre Curés et Maires ont rendus nécessaires.

Ces difficultés peuvent avoir pour objet la police du culte, le service des cloches, les édifices religieux, les réparations, les constructions, les processions, les croix et autres signes extérieurs, les cérémonies et fêtes nationales, les conseils de fabrique, les baptêmes, les mariages et enterrements, l'instruction primaire, les quêtes et aumônes, questions que nous allons traiter dans les chapitres suivants.

CHAPITRE PREMIER

C'est au Curé qu'appartient la police de l'église. (Décision du gouvernement, du 21 pluviôse an XIII.)

Le Maire n'a aucune injonction à faire aux Curés et Desservants relativement à la célébration du culte dans l'intérieur des églises. (Circulaire du ministre des cultes, du 22 mars 1831.) Il n'a pas le droit non plus d'autoriser un prêtre interdit à continuer son ministère ecclésiastique. S'il commettait cet abus de pouvoir, le Préfet devrait prendre immédiatement des mesures pour le réprimer. (*Idem.* du 20 pluviôse an XIII.)

En matière religieuse, les devoirs du Maire se bornent à veiller à l'exercice libre et paisible du culte catholique (art. 1er du Concor-

dat de 1801 ; art. 7 de la loi du 18 germinal
an x) ; à sauvegarder la liberté que lois garan-
tissent à ses ministres (art. 7 de la même loi) ;
à protéger la sécurité des particuliers qui veulent assister aux offices et observer certains
jours de repos. (Art. 260 et 261 du Code pénal.)

Cependant, il est trois cas principaux où le
Curé est obligé de provoquer l'intervention du
Maire :

1° Lorsque les troubles causés dans l'intérieur de l'église constituent des délits graves,
ou que la force publique est indispensable pour
en expulser les perturbateurs ;

2° Lorsque, dans des processions ou toute
autre cérémonie extérieure, l'exercice du culte
est empêché, retardé ou interrompu ;

3° Lorsque des bruits continuels, des réunions tumultueuses, des désordres de toute nature commis dans des lieux situés à l'extérieur
de l'église, viennent troubler l'exercice du culte
et le recueillement des fidèles.

Dans ces diverses circonstances, le Curé qui
n'a point à sa disposition de moyens coërcitifs

ou répressifs doit recourir à l'autorité du Maire.

Celui-ci est obligé de se transporter sur les lieux pour constater les délits et faire punir les coupables. S'il est nécessaire, il rend un arrêté portant défense de vendre, de jouer ou de danser autour des églises, les jours de dimanche et de fête, pendant les heures de la célébration des offices ; il peut en outre ordonner que les cabarets, les cafés et les billards resteront fermés durant le temps du service divin. L'arrêté qu'il fait publier à ce sujet est légal et obligatoire. (Art. 3 de la loi du 18 novembre 1814 ; arrêt de la Cour de cassation du 23 juin 1838.) Sur le refus du Maire, le Curé peut recourir au Préfet, soit directement, soit par l'intermédiaire de son Évêque. (*J. des com.*).

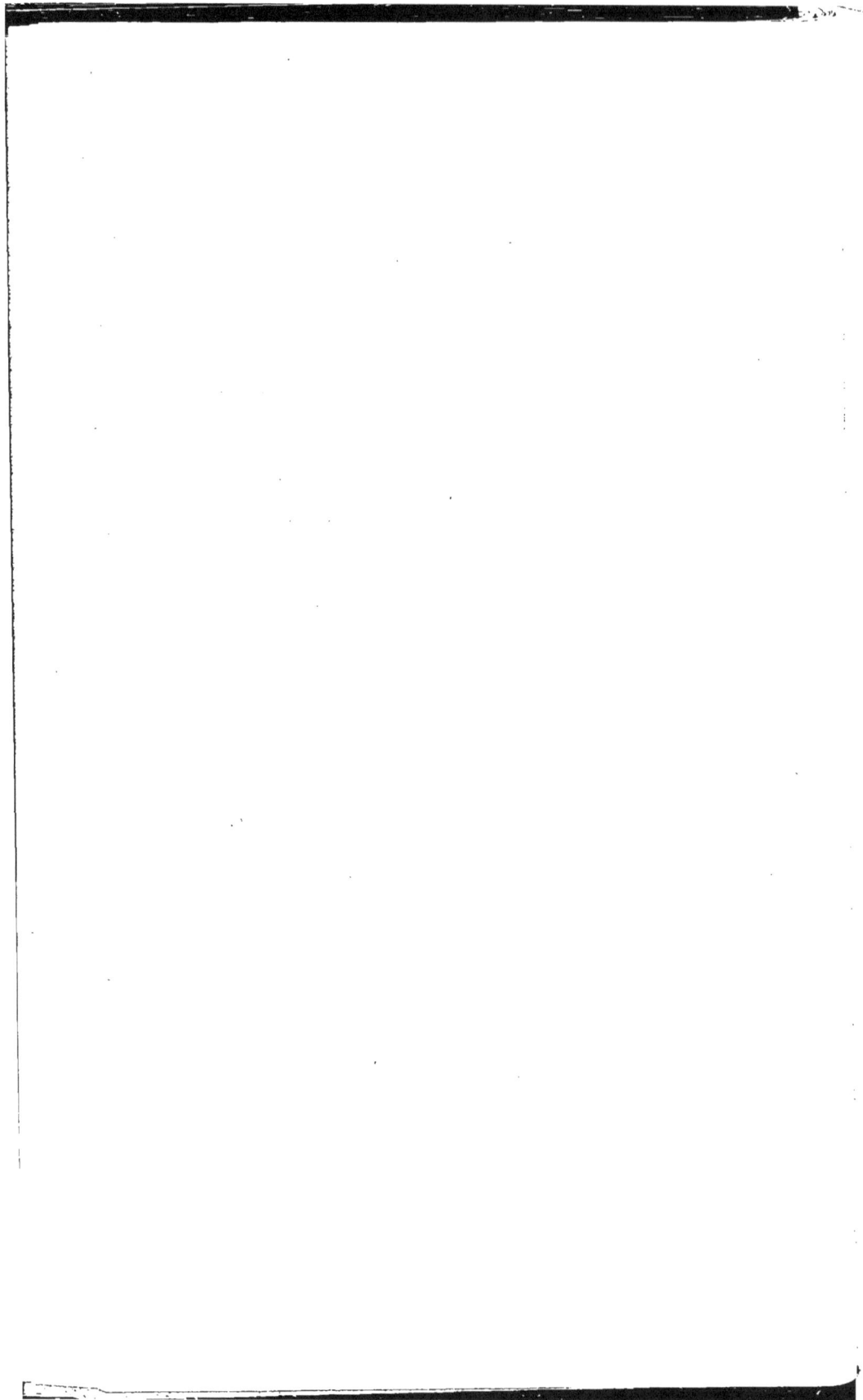

CHAPITRE II

SERVICE DES CLOCHES.

D'après l'avis du Conseil d'État du 17 juin 1840, le Curé a seul le droit d'avoir la clef de l'église et celle du clocher. C'est lui qui dirige la sonnerie des cloches pour les cérémonies religieuses.

On ne peut les sonner pour toute autre cause sans la permission de la police locale, selon les expressions de l'art. 48 de la loi du 18 germinal an x. Dans la plupart des diocèses, il existe des règlements rédigés d'un commun accord entre l'Évêque et le Préfet, qui déterminent les cas où le Maire peut autoriser le son des cloches, et notamment les événements de force majeure qui exigent la convocation immédiate de tous les habitants, comme un incendie, une inondation, une invasion subite de l'ennemi.

Dans les diocèses où il n'y a pas de règlements, les usages existant dans les diverses localités relativement au son des cloches doivent être respectés et maintenus ; mais le Maire doit se concerter à cet égard avec le Curé, sauf, en cas de difficultés, à en référer à l'Évêque et au Préfet.

Le Maire n'a pas le droit de garder une seconde clef du clocher. (Avis du Conseil d'État, du 17 juin 1840.) Par conséquent, toutes les fois qu'il ordonne, en vertu du règlement diocésain, de sonner les cloches, il est tenu d'en informer le Curé, qui doit alors obtempérer à ses réquisitions. (*Idem.*)

Sur le refus du Curé, le Maire aurait le droit de faire sonner les cloches de sa propre autorité. (Décision ministérielle.)

Le Maire n'a pas le droit de permettre à l'instituteur d'appeler les enfants à l'école par le son des cloches. Il ne peut non plus autoriser le percepteur à se servir des cloches pour annoncer aux contribuables sa présence dans la localité.

CHAPITRE III

D'après la jurisprudence du Conseil d'État, les églises paroissiales et les presbytères appartiennent aux communes, sauf la preuve contraire. Toutefois, la jouissance en est réservée aux fabriques et aux Curés. Il n'est pas permis aux Maires de changer l'affectation religieuse des édifices paroissiaux, ni de distraire aucune partie des presbytères sans avoir préalablement obtenu une autorisation expresse du chef de l'État ou du Préfet, selon les circonstances. (Art. 1er de l'ordonnance du 8 mars 1825 ; décret du 25 mars 1852.)

En conséquence, le Maire ne peut, sous aucun prétexte, convoquer dans les églises aucune assemblée, aucune réunion quelconque, ni donner à ces édifices, exclusivement consacrés au culte, une autre destination, même temporaire ou provisoire. (Circulaires du ministre des cultes, en date du 3 février 1831 et du 24 mars 1848.)

Le Curé est le premier gardien de l'église et de son mobilier, dont il est responsable. C'est lui qui détermine le placement des bancs et chaises ; qui présente chaque année au bureau des marguilliers un état par aperçu des dépenses nécessaires à la célébration du culte ; il pourvoit, de concert avec ce bureau, dont il est membre perpétuel, aux réparations de l'édifice religieux. (Art. 13, 30, 41 et 45 du décret du 30 décembre 1809.)

Lorsqu'il s'agit de l'intérieur de l'église ou des dépenses intégralement payées par la fabrique, le rôle du Maire est très-restreint : il n'a qu'à émettre son avis sur les propositions soumises au conseil de fabrique. Du reste, le Maire ne peut seul, sans le consentement de ce conseil, faire placer dans l'église des tableaux, des statues, ni surtout des drapeaux ou autres emblèmes politiques.

CHAPITRE IV

En cas d'insuffisance dûment justifiée des ressources des fabriques, les communes sont obligées d'y suppléer. Si la subvention allouée par le Conseil municipal pour les réparations des édifices paroissiaux a seulement pour but d'aider la fabrique, qui acquitte la majeure partie des frais, à solder le surplus, le bureau des marguilliers et le Curé président à l'exécution des réparations. (Art. 41 et 42 du décret du 30 décembre 1809.)

Si, au contraire, la commune prend à sa charge la totalité de la dépense, il est procédé par le Conseil municipal à l'adjudication au rabais des travaux, et le Maire en a la surveillance. (Art. 95 du décret du 30 décembre 1809.)

D'après une récente décision ministérielle, les ressources affectées par la fabrique aux travaux de réparations, de reconstruction de l'église doivent être encaissées par le receveur municipal, quand c'est la commune qui supporte la plus grande partie de la dépense ; il lui appartient, à ce titre de centraliser dans sa caisse tous les fonds destinés à pourvoir à l'entreprise.

Lorsqu'une commune est divisée en plusieurs paroisses, les grosses réparations des églises, au cas d'insuffisance des revenus de la fabrique doivent-elles être supportées exclusivement par la fraction de la commune, où se trouve l'église à réparer, ou bien par la commune entière ?

Un arrêt du Conseil d'État, du 23 juin 1864, a décidé que les fractions de la commune formant diverses paroisses doivent toutes concourir aux dépenses nécessaires pour les grosses réparations des églises de la commune.

CHAPITRE V

CONSTRUCTIONS.

Les constructions neuves et les reconstructions des édifices religieux ont soulevé de nom-
breuses contestations entre les autorités locales.
Pour y mettre un terme, il a été décidé con-
jointement par les ministres de l'intérieur et des
cultes (Lettres du 5 janvier, 7 et 23 juillet
1854) :

1° Que la direction des travaux appartient à
la fabrique, lorsque c'est elle qui supporte la
plus forte partie de la dépense ;

2° Que cette direction est réservée au Maire,
quand la commune paye de ses deniers la plus
grande partie de cette dépense, ou même,
lorsque la commune et la fabrique y contri-
buent l'une et l'autre pour une somme égale.

Au moment de l'installation ou prise de possession de chaque Curé, le Maire doit faire dresser aux frais de la commune un état de situation du presbytère et de ses dépendances. (Art. 44 du décret du 30 décembre 1809.)

Le Curé peut-il donner en location, dans son intérêt privé, une partie du Presbytère?

Le Curé peut puiser son droit de louer dans l'article 595 du code Napoléon. Toutefois il ne peut exercer ce droit qu'avec l'autorisation de son Évêque.

C'est ce qu'une ordonnance du 3 mars 1825 a dit relativement aux presbytères des succursales vacantes dans lesquelles des Curés ou desservants sont autorisés à biner. Ils peuvent louer ces presbytères à leur profit avec l'autorisation de leur Évêque.

Il doit en être de même des presbytères des paroisses auxquelles ils sont attachés.

En fait de réparations du presbytère, le Curé n'est tenu qu'aux simples réparations ou de menu entretien.

CHAPITRE VI

PROCESSIONS.

Tout ce qui intéresse l'ordre, la tranquillité et la propreté des rues, places, chemins et autres voies publiques, rentre dans les attributions de l'autorité municipale.

En conséquence, les cérémonies extérieures du culte qui ont lieu en dehors des églises ne peuvent se faire sans l'agrément préalable du Maire. L'article 45 de la loi organique du 18 germinal an x et l'article 18 du décret du 23 prairial an xii, sur les sépultures, portent que les cérémonies extérieures ne sont permises que dans les communes où l'on ne professe qu'un seul culte ; mais dès les premiers temps, ces dispositions ont été interprétées dans un sens favorable à la liberté des cultes. Une circulaire du ministre de l'intérieur, en date du 30 germinal an xii, confirmée par les instructions subséquentes des ministres des cultes (Lettres des 11 septembre 1810, 6 mai 1831, etc.), contient ce qui suit : « L'art. 45 de la loi du 18 germinal an x ne s'applique qu'aux communes où il y a une église consistoriale reconnue. L'intention du Gouvernement est que les cérémonies religieuses puissent se faire publiquement dans toutes les autres communes. »

D'un autre côté, il est recommandé par les circulaires du ministre de l'intérieur des 21 juin 1848 et 3 mai 1849, de prendre en grande considération les usages établis dans les paroisses, et de ne mettre aucun obstacle aux processions dans les villes même qui ont des temples protestants, quand les sectateurs des cultes dissidents ne réclament pas. Le Maire ne doit pas se montrer plus rigoureux que le gouvernement dont il est l'agent. Si le vœu général des habitants de la paroisse est d'observer les anciens usages du pays, il ne s'opposera donc pas à la célébration extérieure des cérémonies religieuses. S'il a quelques doutes sur l'interprétation de la loi ou sur l'état des esprits, il fera bien de consulter le Préfet.

Lorsque le Maire interdit la sortie d'une procession en se fondant sur ce qu'elle pourrait compromettre la tranquillité publique, le Curé doit se conformer à l'arrêté municipal tant qu'il n'a pas été révoqué par l'autorité supérieure. Nous lisons qu'en 1841, le Curé de la paroisse Saint-Bénigne, à Dijon, fit sortir la procession de la Fête-Dieu contrairement à la défense du Maire de cette ville. Bien que l'arrêté municipal eût été postérieurement annulé par le Préfet de la Côte-d'Or, le Conseil d'État déclara, par son arrêt du 1er mars 1842, qu'il y avait abus dans le fait imputé au Curé.

Si l'arrêté du Maire interdisait seulement pour une procession le parcours de certaines rues de la commune, il devrait être également exécuté, comme étant rendu en vertu de l'art. 3 du titre xi de la loi du 16-24 août 1790 et les art. 10 et 11 de la loi du 18 juillet 1837. Les contraventions des Curés sur ce point étant commises dans l'exercice de leurs fonctions, ne sont susceptibles d'être poursuivis devant les tribunaux qu'après l'autorisation du Conseil d'État. (Art. 6 et 8 de la loi du 18 germinal an x ; arrêt de la Cour de cassation, du 25 septembre 1825 ; arrêt du Conseil d'Etat, du 1er mars 1842.)

CHAPITRE VII

CROIX ET AUTRES SIGNES EXTÉRIEURS.

Conformément aux principes ci-dessus énoncés, les croix et autres signes extérieurs du culte ne peuvent être plantés sur la voie publique sans la permission du Maire. L'autorité municipale a le droit de faire enlever les croix érigées sans son assentiment, et même celles dont l'érection aurait été approuvée, quand elles deviennent ultérieurement une occasion de désordres. (Décisions du ministre des cultes, en date du 7 fructidor an x et 7 avril 1829.)

CHAPITRE VIII

CÉRÉMONIES ET FÊTES NATIONALES

C'est surtout pour les cérémonies religieuses demandées par le gouvernement et les fêtes nationales que les rapports des Curés avec les Maires sont inévitables. Les ordres de l'Empereur pour ces cérémonies sont adressés aux Evêques. (Art. 5 du décret du 24 messidor an XII.) Dès qu'un Curé a reçu de son Evêque un mandement ou des instructions à ce sujet, il doit immédiatement se concerter avec le Maire, ainsi que le recommandent toutes les circulaires du ministre des cultes. Si le jour et l'heure de la cérémonie religieuse sont déterminés dans le mandement épiscopal, les Maires ne peuvent exiger autre chose que la communication de ce document. (Décision ministérielle du 2 avril 1807.) Il est convenable dans tous les cas que le Curé fasse à cette occasion une visite au Maire. Cette visite est même implicitement commandée par la loi au Curé, qui représente dans sa paroisse l'autorité ecclésiastique, puisque, suivant l'art. 6 du décret du 24 messidor an XII, l'Évêque lui-même doit se rendre chez le fonctionnaire à qui ce décret accorde la préséance sur le prélat, pour convenir avec ce fonctionnaire du jour et de l'heure de la cérémonie religieuse (*J. des comm.*).

Lorsque ces points préliminaires ont été réglés, le Curé ne doit commencer la cérémonie qu'après l'arrivée du Maire, dans les paroisses où ne réside aucune autorité plus élevée dans l'ordre hiérarchique. De son côté, le Maire doit arriver à l'église avec une scrupuleuse exactitude. S'il n'y est venu à l'heure indiquée, le Curé montrera sa déférence pour le chef de l'administration communale en l'attendant aussi longtemps qu'il sera possible. C'est à nous surtout qu'il convient, en ces solennelles circonstances de donner l'exemple d'une abnégation et d'une patience vraiment sacerdotales.

D'après l'article 47 de la loi du 18 germinal an x, il doit y avoir une place distinguée pour le Maire dans les églises cathédrales et paroissiales. Depuis 1802, cet article a été constamment interprété en ce sens que les autorités ne peuvent réclamer une place distinguée que dans les cérémonies à la fois religieuses et civiles auxquelles elles sont officiellement invitées. (Décisions ministérielles des 11 thermidor an XII, 2 novembre 1833, 24 juin et 26 juillet 1836, 3 février 1853, etc.) Néanmoins, dans plusieurs paroisses, on a depuis longtemps réservé au Maire une stalle dans le chœur, ou un banc dans l'église, les dimanches et fêtes ordinaires. Cet usage restreint à la seule personne du Maire, ne saurait être onéreux au temporel de l'église. Les Curés feront un acte de bienséance en n'y mettant aucun obstacle. Au reste, le Maire, en sa qualité de fabricien, a toujours une place gratuite au banc de l'œuvre. (Art. 21 du décret du 30 décembre 1809.)

CHAPITRE IX

CONSEILS DE FABRIQUE.

Comme le Curé, le Maire est membre de droit du conseil de fabrique. L'article 4 du décret de 1809 ajoute que, dans les réunions de ce conseil, il sera placé à la gauche et le Curé à la droite du président. Ces deux membres inamovibles représentent, l'un les intérêts de la commune, et l'autre, les intérêts du culte; ils examinent chacun les affaires à leur point de vue spécial. De cette différence de position pourraient résulter des antagonismes, des rivalités qu'il importe de prévenir autant qu'il est possible. Si la présidence du conseil de fabrique était conférée à l'un ou à l'autre, elle augmenterait encore l'influence que leur donnent déjà les fonctions dont ils sont investis, et leur assurerait un trop grand ascendant sur les déterminations des conseils de fabrique, dont l'indépendance doit être garantie.

D'après ces motifs, les ministres chargés successivement de l'administration des cultes ont toujours décidé que ni les Curés, ni les Maires ne peuvent être nommés présidents des conseils de fabrique. (Décisions du 2 octobre 1810 ; 17 août 1811 ; 26 août 1829 ; 24 août 1842 ; 26 octobre 1848 ; 11 mars 1850, etc. ; avis du Conseil d'État, du 26 mars 1811.)

C'est donc une grave erreur que de prétendre avec certains auteurs, ignorant toutes ces décisions, que tous les membres du conseil de fabrique sont aptes à remplir les fonctions de président, s'appuyant sur ce que la loi ne prononce aucune exclusion et qu'elle ne distingue point entre les membres élus et les membres de droit. Si la loi se tait là-dessus, l'autorité, qui a mission d'interpréter la loi toutes les fois que le besoin l'exige, ne manque pas, en plusieurs circonstances, comme nous l'avons vu, de dire clairement qui ni les Curés, ni les Maires ne peuvent être nommés présidents des conseils de fabrique.

A plus forte raison le Maire ne pourrait être président du bureau de la fabrique, s'il était admis à en faire partie, ce qui n'est pas dans l'esprit de la loi. Le bureau s'occupe en détail de tout ce qui regarde au plus haut point les intérêts du culte et non les intérêts de la commune. Voilà pourquoi le Curé en est membre perpétuel et de droit. (Art. 13 du décret du 30 décembre 1809.) Le Maire ici ne serait point à sa place. — Au reste, les décisions et comptes du bureau peuvent lui être soumis comme chef de la municipalité. (M. Villefroy, *Traité de l'administration du culte catholique.*)

CHAPITRE X

BAPTÊMES.

La naissance, le mariage et la mort de tout individu doivent être constatés par les Maires sous le rapport civil, et par le Curé sous le rapport religieux. Aucune loi n'ordonne aux ecclésiastiques d'attendre, pour administrer le sacrement de baptême à un enfant, la rédaction de son acte de naissance ; la preuve de la présentation antérieure de l'enfant à la mairie ne peut donc être exigée des parents, ni par les Curés ni par les Maires. Si, par ignorance, un Maire l'imposait aux habitants de sa commune, non-seulement il dépasserait arbitrairement les limites de son pouvoir, en ajoutant à la loi civile une formalité qu'elle n'a point prescrite ;

mais encore il porterait atteinte aux lois canoniques qui enjoignent aux Curés de baptiser
d'urgence les enfants en cas de maladie ou de
danger de mort.

CHAPITRE XI

Quant aux mariages et aux enterrements, les obligations des Curés sont déterminées de la manière la plus précise.

Ils ne peuvent donner la bénédiction nuptiale, sous peine d'amende, et, en cas de récidive, d'emprisonnement, qu'à ceux qui justifient, en bonne et due forme, avoir contracté mariage devant l'officier de l'état civil. (Art. 54 de la loi du 18 germinal an x; art. 199 et 200 du code pénal.)

Le décret du 4 thermidor an xiii (23 juillet 1805) défend à tous Curés et Desservants de lever aucun corps de personnes décédées dans leurs paroisses ou de les accompagner hors des églises, avant qu'on leur ait exhibé l'autorisa-

3

tion, délivrée par le Maire, de les inhumer. S'ils accordaient la sépulture chrétienne sans être munis de cette autorisation, ils se rendraient passibles des peines de simple police (arrêt de la Cour de Cassation, du 27 janvier 1832), c'est-à-dire d'une amende de 1 franc à 5 francs, et, en cas de récidive, d'un emprisonnement de trois jours au plus. (Art. 471, n° 15, du Code pénal.)

Les enterrements sont les causes quelquefois de conflits entre les autorités civiles et les autorités ecclésiastiques. Il est un moyen sûr d'éviter les conflits : c'est que les Maires et les Curés se renferment respectivement dans leurs attributions entièrement distinctes et réglées par les lois d'origine et de nature différentes.

D'un côté, les Curés sont forcés par leur conscience d'observer les lois de l Église. Lorsque les personnes décédées se trouvent dans l'un des cas où ces lois interdisent la sépulture chrétienne, ils doivent jouir de la liberté qui leur est garantie dans l'exercice de leurs fonctions spirituelles. (Art. 7 de la loi du 18 germinal an x.) S'ils refusent leur ministère, les

Maires ne peuvent procéder à aucune cérémonie religieuse.

D'après les circulaires des ministres de l'intérieur et des cultes, en date des 15 et 16 juin 1847, l'art. 19 du décret du 23 prairial an XII ne confère pas à l'autorité civile le droit de faire ouvrir les portes de l'église, ni d'y introduire les corps des défunts. Elle veillera, disent les circulaires, à ce que, dans les cas bien et dûment constatés de refus de sépulture ecclésiastique, le corps de la personne défunte soit transporté dans le lieu des inhumations, avec toute la décence convenable et avec tous les égards dus aux familles.

D'un autre côté, le mode de transport, le dépôt et l'enterrement des corps, l'ouverture des fosses, la police des lieux de sépulture, rentrent exclusivement dans la compétence de l'autorité municipale. Dès lors, le Curé n'a point à s'en occuper. Il ne peut intervenir que pour demander, en vertu de l'article 15 du décret du 23 prairial an XII, qu'un cimetière soit établi pour chacun des cultes professés dans la paroisse, ou, en cas d'impossibilité, que le cimetière com-

munal soit divisé par des murs, haies ou fossés,
en autant de parties qu'il y a de cultes différents. Il est aussi de son devoir de veiller à ce
que les enfants morts sans baptême, les suicidés,
les duellistes, etc. , soient inhumés dans un en-
droit non béni et séparé, conformément aux lois
canoniques; si certaines indécences se com-
mettaient dans ces lieux, il doit encore en informer, pour les réprimer, l'autorité municipale. Lorsque, par esprit d'hostilité, le Maire ne
veut empêcher cette espèce de profanation, le
Curé fait bien de s'adresser à qui de droit pour
mettre un terme à ces indécences.

Dans l'enceinte destinée à chaque culte, il est
permis d'observer ses règles particulières relatives à la distinction des sépultures. Le Maire
ne doit pas s'y opposer. (Avis du Conseil d'Etat,
du 23 avril 1831.)

CHAPITRE XII

La loi du 15 mars 1850 dispose que les autorités préposées à la surveillance et à la direction morale de l'enseignement primaire sont, pour chaque école, le Maire et le Curé ; elle charge spécialement le Curé de surveiller l'enseignement religieux des écoles primaires publiques ou libres, dont l'entrée doit toujours lui être ouverte. *C'est de concert avec lui que le Maire dresse chaque année la liste des enfants qui doivent être admis gratuitement dans les écoles publiques.* (Art. 45 de la loi du 15 mars 1850.) La bonne éducation de la jeunesse est le vœu le plus cher des familles ; on a peu à craindre la mésintelligence des deux autorités sur ce point de ralliement de toutes les opinions.

Cependant, il arrive assez souvent que les

deux autorités ne sont pas d'accord au sujet du choix des enfants gratuits. Tantôt, le Maire, dépositaire des listes qu'il reçoit de la Préfecture pour être faites, présente ces listes déjà remplies au Curé pour les signer ; tantôt, réunis pour les dresser, le Maire ne voudra y admettre que ses protégés. Dans l'un et l'autre cas, si le Curé voit que le vœu du Gouvernement ne soit pas rempli, c'est-à-dire que les enfants les plus indigents ne soient pas portés sur les listes par le Maire, il doit se refuser à les signer, puisqu'il ne les a pas faites. A la Préfecture, on ne manquera pas de les renvoyer pour que le Curé les approuve. Celui-ci ne les approuvera que lorsqu'il les aura dressées de concert avec le Maire ; si le Maire persistait à maintenir ce qu'il aurait fait, le Curé n'aurait aussi qu'à persister dans son refus ; mais alors il devrait informer le Sous-Préfet ou le Préfet de ce nouveau refus, en lui donnant les motifs qu'il aurait.

Ordinairement, dans un pareil désaccord, on partage le nombre d'élèves à porter et chacun inscrit les siens sur la liste. Le maximum des élèves gratuits accordés à chaque commune est à peu près un pour cent de sa population. Nous verrons prochainement les modifications qu'apportera à ce sujet la nouvelle loi qui est à l'étude.

CHAPITRE XIII

Enfin les Maires et les Curés doivent pourvoir avec une égale sollicitude au soulagement des pauvres de leurs communes.

En sécularisant l'assistance publique, la législation actuelle a uniquement réglé les attributions des Maires. Ils président les bureaux de bienfaisance institués pour administrer les biens et revenus destinés aux indigents, pour quêter en leur faveur et leur distribuer des secours ; ils remplacent ces bureaux dans les deux tiers des communes de la France qui en sont dépourvues ; ils sont autorisés à accepter à leur défaut les dons et legs faits au profit des pauvres.

Mais les Curés, bien qu'ils ne soient pas même membres de droit des bureaux de bienfaisance, ont reçu de la religion qui les inspire

3

la mission de charité que les lois civiles ne leur ont pas expressément attribuée. On sait au reste avec quel dévouement ils s'en acquittent. Ils ont d'ailleurs la faculté, qui ne saurait leur être contestée comme citoyens, d'assister les malheureux de leurs deniers personnels et des fonds dont ils sont quelquefois dépositaires. Que deviendraient les pauvres honteux, bien souvent, si leur pasteur, seul confident de leurs chagrins, ne prenait soin de leur misère ? Sur ce point, les Curés seconderont certainement de tout leur pouvoir le zèle des Maires pour soulager l'humanité souffrante, et ceux-ci feront toujours bien de conférer sans cesse avec leur Curé, afin de subvenir d'abord aux besoins des plus nécessiteux.

SECONDE PARTIE

Si les fonctions dont sont investis le Maire et le Curé font si souvent rencontrer ces deux autorités locales sur un terrain commun et fournissent ainsi matière à des antagonismes, à des rivalités sans fin, nuisibles toujours aux intérêts de la religion et du culte; il n'en sera pas de même du Curé avec ses fabriciens. Ici les intérêts sont communs; les mêmes vues, les mêmes fins dirigent les uns et les autres. Pourquoi une fabrique, si ce n'est pour gérer les biens de l'Église, percevoir ses revenus et pourvoir à ses dépenses? Tous veulent la prospérité de l'Église, tous emploient leur zèle vers ce but.

Toutefois, comme l'homme n'est pas ici-bas parfait, que les passions, les caprices peuvent faire voir les choses sous un point de vue qui n'est pas le véritable, il peut, dès lors, dans le sein de la fabrique, s'élever quelques difficultés entre fabriciens et Curé. Pour obvier à tous ces inconvénients, pour éviter bien des misères résultant du peu d'entente dans la fabrique, le Curé doit tenir souverainement à ce qu'elle soit organisée et fonctionne toujours selon les lois et les règlements qui la régissent. Voilà pourquoi dans cette partie nous traiterons toutes les questions qui regardent les fabriques.

Les règles ici retracées ne s'appliquent qu'aux fabriques des églises paroissiales. Celles des cathédrales sont soumises à des règlements épiscopaux, approuvés par l'Empereur. (Art. 104 du décret du 30 décembre 1809.) Quant aux annexes, elles n'ont point de fabriques ; seulement l'évêque désigne deux ou trois habitants pour en administrer les revenus. (Circulaire du 11 mars 1809.)

DE L'ORGANISATION DES FABRIQUES, ET DE LA SURVEILLANCE
ET CONSERVATION DES TITRES, DES DENIERS ET MOBILIER.

Une fabrique est un établissement public, légalement organisé pour la gestion des biens et des revenus d'une église, cathédrale, cure, succursale ou chapelle vicariale. Cet établissement, quoique doué d'une existence civile, est toujours réputé mineur et placé, à ce titre, sous la tutelle du Gouvernement, qui en confie la haute administration partie à l'Évêque diocésain et partie au Préfet du département.

La fabrique est représentée par des administrateurs spéciaux dont le nombre est proportionné à la population de la paroisse et que l'on désigne sous le nom de *fabriciens*. Le corps de ces administrateurs est appelé la *fabrique*, du nom de l'établissement lui-même.

Les fabriques ont été créées par suite de l'article 76 de la loi du 10 germinal an x. Une première organisation eut lieu en exécution de l'article 3 de l'arrêté du 7 thermidor an xi (26 juillet 1803). Mais elle était insuffisante, et ce n'est que le décret réglementaire du 30 décembre 1809 qui a donné aux fabriques une organisation régulière. L'article 1er de ce décret définit ainsi qu'il suit le but de leur institution :

« Les fabriques sont chargées de veiller à la conservation des temples ; d'administrer les aumônes et les biens, rentes et perceptions autorisées par les lois et règlements, les sommes supplémentaires fournies par les communes, et généralement tous les fonds qui sont affectés à l'exercice du culte ; enfin, d'assurer cet exercice et le maintien de sa dignité, dans les églises auxquelles elles sont attachées, soit en réglant les dépenses qui y sont nécessaires, soit en assurant les moyens d'y pourvoir. »

Chaque fabrique se compose d'un conseil et d'un bureau de marguilliers. (Décret du 30 décembre 1809, art. 2.)

CHAPITRE PREMIER

DU CONSEIL DE FABRIQUE.

---

§ 1er. — *De la composition du conseil*

Formation du Conseil.

Dans les paroisses de cinq mille âmes et au-dessus, le Conseil de fabrique est composé de neuf membres; dans celles au-dessous de cinq mille âmes, il est composé de cinq membres.

Ces membres sont pris parmi les notables; ils doivent être catholiques et domiciliés dans la paroisse. (Décret du 30 décembre 1809, art. 3.)

Dans son *gouvernement des paroisses*, M. Carré dit que par *notables*, on doit entendre les personnes qui exercent des fonctions publiques, comme les juges de paix, les membres

du conseil municipal, ou des professions libé-
rales, comme les avocats et les médecins, et
enfin les plus imposés de la paroisse. Mais ne
peuvent être classés parmi les notables, ajoute
M. Affre, ceux qui vivent dans un état de do-
mesticité, alors même qu'ils auraient une fortune considérable relativement à leur état.

Par *catholique*, on doit entendre toute personne née dans le catholicisme et qui n'a pas
commencé à pratiquer une autre religion. Il
n'est pas indispensable de remplir exactement
les devoirs extérieurs de la catholicité. (Décisions ministérielles du 21 août 1812, 19 octobre 1813.)

D'après M. Affre, les conseillers doivent avoir
dans la paroisse non-seulement leur domicile
de droit, mais indispensablement leur domicile
de fait, c'est-à-dire qu'ils doivent y résider
pendant toute la durée de leurs fonctions.

Il suit de là qu'un même individu ne peut
être en même temps membre de deux Conseils
de fabrique.

Une décision ministérielle du 22 mai 1813
dit que les membres du Conseil peuvent être

indifféremment pris parmi les laïques et parmi les ecclésiastiques, même parmi les vicaires d'une paroisse.

D'après une décision ministérielle du 21 août 1812, les incompatibilités de parenté qui existent pour le bureau des marguilliers n'existent pas pour le Conseil de fabrique. Des parents peuvent faire partie du même Conseil.

Aucune loi ne fixe l'âge auquel on peut être élu membre du Conseil de fabrique. Cependant de la qualité de notable on peut déférer qu'il faut avoir au moins vingt-cinq ans, qui est l'âge exigé pour la plupart des fonctions publiques. C'est ainsi que pense M. Dalloz dans son *Traité des cultes*.

Les membres du Conseil de fabrique sont nommés pour la première fois par l'Evêque et le Préfet, dans la proportion suivante : dans les paroisses où le Conseil est composé de neuf membres, cinq sont nommés par l'Evêque et quatre par le Préfet. Dans celles où il n'est composé que de cinq membres, l'Evêque en nomme trois et le Préfet deux. (Décision du 30 décembre 1809, art. 6.)

Les membres du Conseil ne sont astreints à la prestation d'aucun serment lors de leur entrée en fonctions. Elles ne sont pas obligatoires et peuvent être refusées. Purement honorifiques, elles ne donnent lieu à aucune rétribution.

Outre les membres élus, il y a dans chaque fabrique deux membres de droit : le Curé ou desservant de la paroisse et le Maire de la commune. Dans les villes où il y a plusieurs fabriques, le Maire est de droit membre de chacune d'elles. (Décision du 30 décembre 1809, art. 5.)

Mais si, au contraire, plusieurs communes forment une paroisse, les Maires de toutes ces communes n'ont pas le droit d'entrer dans le Conseil de fabrique. Cette prérogative n'appartient qu'au Maire de la commune où se trouve l'église. (*Idem*, art. 4 et 5.)

Le Curé et le Maire peuvent se faire remplacer, le premier par un vicaire et le second par un adjoint. Le Maire doit même se faire remplacer, s'il n'est pas catholique, par un adjoint qui le soit, ou, à défaut d'un adjoint, par un membre du Conseil municipal, catholique.

(Décision du 30 décembre 1809, art. 4.)

Dans les réunions du Conseil, le Curé ou desservant est placé à la droite du président, et le Maire à la gauche. (*Idem.*)

Renouvellement du Conseil.

Le Conseil de fabrique une fois organisé, se renouvelle partiellement tous les trois ans, savoir : à l'expiration des trois premières années, la majorité des membres du Conseil (cinq ou trois, suivant la population) désignés par le sort doivent sortir ; après la seconde période de trois années, ce sont les quatre ou deux membres plus anciens qui sortent. Dans la suite, ce sont toujours les plus anciens en exercice qui doivent sortir. (*Idem*, art. 7.)

Les conseillers qui, à chaque renouvellement, doivent remplacer les membres sortants, sont élus par les membres qui restent. (*Idem*, art. 8.) D'après une décision ministérielle du 10 août 1841, ils doivent être élus à la majorité des suffrages. Cette majorité doit être absolue et non relative, c'est-à-dire qu'il ne suffit pas d'avoir plus de voix que n'en a aucun des concurrents, mais qu'il faut obtenir au moins la moitié plus un des suffrages. Les membres sortants peuvent être réélus indéfiniment. (Décision du 30 décembre 1809, art. 8.)

Les élections de remplacement triennal doivent être faites le dimanche de *Quasimodo*. (Ordonn. royale du 12 janvier 1825, art. 2.)

Si le Conseil n'a pas été renouvelé ce jour-là, il doit l'être au plus tard dans le délai d'un mois, à partir de cette époque ; passé ce délai, si le Conseil de fabrique n'a pas procédé aux élections, l'Evêque nomme les nouveaux conseillers. (Décret du 30 décembre 1809, art. 8.)

Dans le cas de vacances par mort ou démission, l'élection en remplacement doit être faite dans la première séance ordinaire du Conseil qui suit la vacance. Les nouveaux fabriciens ne sont élus que pour le temps d'exercice qui restait à parcourir à ceux qu'ils sont destinés à remplacer. (Ordonn. royale du 12 janvier 1825, art. 3.)

Les élections des fabriciens peuvent être faites,

soit au scrutin individuel, soit au scrutin de liste. Dans le premier cas, chaque votant n'inscrit sur son bulletin qu'un seul nom ; par conséquent, il faut procéder à autant de scrutins qu'il y a de membres à nommer. Dans le second cas, chaque électeur ne fait qu'un bulletin sur lequel il porte autant de noms qu'il y a de fabriciens à élire.

Les élections peuvent être annulées si les élus n'étaient pas éligibles, si l'élection n'avait pas lieu à l'époque fixée par la loi, c'est-à-dire le dimanche de *Quasimodo* ou dans le mois qui suit, et, en cas de démission ou de décès, dans la séance ordinaire qui suit la vacance, et toutes les fois qu'il peut exister des violations essentielles des règlements constitutifs. On pense que c'est à l'Empereur qu'il appartient de prononcer la nullité des élections, la loi se taisant sur ce point. En conséquence, il faudrait adresser au ministre des cultes, un mémoire dans lequel on exposerait les causes de nullité. Le ministre le communiquerait au comité du Conseil d'Etat de l'intérieur, et provoquerait ensuite un décret impérial.

Conformément à la jurisprudence suivie au ministère des cultes, les actes faits par un Conseil de fabrique qui est en demeure de se renouveler sont valides tant que l'autorité compétente n'a pas pourvu au remplacement.

Sur la demande des évêques et l'avis des Préfets, le ministre des cultes peut révoquer un conseil de fabrique pour défaut de présentation du budget ou de reddition de comptes, lorsque ce conseil, requis de remplir ce devoir, a négligé de le faire, ou pour toute autre cause grave. Il est, dans ce cas, pourvu à une nouvelle formation de ce conseil, de la manière prescrite par l'article 6 du décret du 30 décembre 1809. (Ordonn. royale du 12 janvier 1825, art 5.)

Nomination du Président et du Secrétaire.

Le conseil de fabrique nomme au scrutin son président et son secrétaire. Ils sont renouvelés chaque année dans la séance du dimanche de *Quasimodo*. Ils peuvent être réélus. (D. du 30 décembre 1809, art. 9 ; Ord. royale du 12 janvier 1825, art. 2.)

Selon que nous l'avons dit à la première partie
de cet ouvrage, ni le Curé, ni le Maire ne
peuvent être élus président du conseil de fabrique. Ceux qui combattent cette opinion com-
munément suivie par les organes du Gouvernement, ne citent en leur faveur qu'une décision du Conseil d'Etat du 31 décembre 1837,
opposée toutefois à l'avis du Conseil d'Etat,
du 26 mars 1811, que nous avons cité plus
haut.

Cependant le Curé et le Maire peuvent toujours être élus secrétaires du conseil. (Décision
ministérielle des 26 mars et 18 août 1811.) Le
président et le secrétaire doivent être choisis
parmi ses membres.

§ 2. — *Des séances du conseil.*

Les séances du conseil sont ordinaires ou
extraordinaires.

Les premières sont fixes et obligées; ce sont
celles du premier dimanche de janvier, du dimanche de *Quasimodo,* du premier dimanche
de juillet et du premier dimanche d'octobre.

(Décret du 30 décembre 1809, art. 10 ; ordonn.
royale du12 janvier 1825, art. 2.)

Les séances extraordinaires sont celles que
l'Évêque ou le Préfet autorisent, lorsque l'urgence des affaires ou de quelques dépenses im-
prévues l'exige. (*Idem*, art. 10.)

Toute délibération qui sera prise dans une
assemblée non autorisée est nulle. La nullité en
est prononcée par un décret impérial délibéré
en Conseil d'Etat. (Avis du Conseil d'Etal, du
13 septembre 1833.)

Convocation des assemblées.

L'avertissement de chacune des séances ordinaires est publié le dimanche précédent, au prône
de la grand'messe. (Décret du 30 décembre
1809, art. 10.)

Quant aux séances extraordinaires, c'est naturellement au président à convoquer l'assemblée. Cette convocation peut être faite par écrit
ou verbalement ; les fabriciens peuvent également être avertis par le Curé à l'une des messes

paroissiales. L'autorisation donnée par l'Évêque ou le Préfet fixe le jour et l'objet de la séance; il n'appartient ni au Curé, ni au président de changer le jour indiqué.

Tenue des assemblées.

Le conseil doit s'assembler à l'issue de la grand'messe ou des vêpres dans l'église, ou dans un lieu attenant à l'église, ou dans le presbytère. (Décret du 30 décembre 1809, art. 10.) Le *journal des conseils de fabrique* dit que c'est au président qu'il appartient de déterminer celui des lieux où se tiendra la séance.

M. Affre prétend que, malgré la disposition du décret, l'Évêque pourrait défendre, sous peine de censure, de tenir l'assemblée dans le lieu saint; mais rien n'empêche l'assemblée à la sacristie.

Dans les sessions ordinaires, le conseil peut délibérer sur tous les objets qui rentrent dans ses attributions; dans les sessions extraordinaires, il ne peut s'occuper que des matières pour lesquelles l'autorisation de se réunir a été accordée.

4

La durée de chaque session n'est point fixée ; on peut tenir, en cas de besoin, plusieurs séances, soit le jour même, soit le lendemain et les jours suivants, car, d'après les principes de droit public, tout corps constitué, régulièrement assemblé, est réputé réuni pendant tout le temps requis pour l'expédition des affaires. (M. Roy, *le Fabricien comptable.*)

Le conseil ne peut délibérer que lorsqu'il y a plus de la moitié des membres en exercice présents à l'assemblée. Tous les membres signent la délibération qui est prise à la majorité des voix. En cas de partage, le président a voix prépondérante et donne le même droit que la majorité. (D. du 30 décembre 1809, art. 9.)

Les délibérations sont rédigées par le secrétaire ; elles ne sont assujetties à aucune formalité dont l'omission emporte nullité (M. Dalloz, *Traité des cultes.*) Elles sont inscrites par ordre de date sur un registre uniquement destiné à cet usage, et qui est coté et parafé par le président du conseil. Les délibérations du conseil ne peuvent être verbales sous peine de nullité.

Il convient, pour la facilité des recherches

ultérieures, de consigner sommairement l'objet de chaque délibération en marge du registre et en regard de l'acte.

C'est au président qu'appartient la police de l'assemblée. C'est lui qui fait les propositions mais sans exclusion pour les autres membres, surtout à l'égard du Curé, qui, mieux que personne, est en état de les faire. C'est au président à recueillir les voix et à clore la discussion. En cas d'absence, dit M. Affre, le président est remplacé par le Curé.

§ 3. — *Des fonctions du conseil.*

Sont soumis à la délibération du conseil :

1° Le budget de la fabrique ;

2° Le compte annuel du trésorier ;

3° L'emploi des fonds excédant les dépenses, du montant des legs et donations, et le remploi des capitaux remboursés ;

4° Toutes les dépenses extraordinaires au-delà de cinquante francs dans les paroisses au-dessous de mille âmes, et de cent francs, dans les paroisses d'une plus grande population :

5° Les procès à entreprendre ou à soutenir, les baux emphytéotiques ou à longues années, les aliénations ou échanges, et généralement tous les objets excédant les bornes de l'administration ordinaire des biens de mineurs. (Décret du 30 décembre 1809, art. 12.)

Par dépenses extraordinaires dont il est parlé au 4°, on ne doit pas entendre seulement les dépenses qui prennent cette désignation spéciale dans les budgets et les comptes, mais bien toutes les dépenses, quelles qu'elles soient, qui n'ont pas été prévues au budget voté par le conseil et approuvé par l'Evêque, et sur lesquelles il y a lieu de délibérer dans le cours de l'exercice.

CHAPITRE II

---

§ 1er. — *De la composition du bureau.*

Formation du bureau.

Le conseil de fabrique, une fois formé, choisit au scrutin, parmi ses membres, ceux qui, comme marguilliers, doivent entrer dans la composition du bureau. (Décret du 30 décembre 1809, art. 11.)

Le bureau se compose de trois membres que l'on appelle marguilliers, et, en outre, du Curé ou Desservant, qui en est membre perpétuel et de droit. (*Idem*, art. 13.) Le Curé occupe la première place, et peut se faire remplacer par de ses vicaires.

4.

Le Maire, comme nous l'avons déjà dit en son lieu, ne peut faire partie du bureau.

Les parents ou alliés, jusques y compris le degré d'oncle et de neveu, ne peuvent être en même temps membres du bureau. (D. du 30 décembre 1809, art. 14.)

Les marguilliers doivent toujours être pris dans le conseil de fabrique. Une fois membres de ce conseil, il faut qu'ils acceptent l'entrée dans le bureau ou qu'ils sortent de la fabrique.

Les marguilliers sont personnellement responsables du préjudice qu'ils auraient causé par leur fait à la fabrique. (Code Nap., art. 1382). Mais il n'y a pas entre eux de solidarité. (*Idem*, art. 1202.)

Si les marguilliers venaient à être poursuivis, à raison de leurs fonctions de fabriciens, faudrait-il se pourvoir, avant d'agir contre eux, d'une autorisation ?

Il a été décidé à cet égard, dit **M.** Dalloz, que lorsqu'on veut poursuivre un marguillier, à raison de ses fonctions, on doit, avant d'agir, obtenir une autorisation du gouvernement. Dans ce sens, il cite un arrêt de la Cour de cassation du 3 décembre 1808. Cependant cet arrêt, dit-il, ne le décide qu'implicitement.

Une place connue sous le nom de *banc de l'œuvre* est réservée dans chaque église aux marguilliers et aux membres du conseil de fabrique. Autant que possible, le banc de l'œuvre est placé devant la chaire. Le Curé ou Desservant y occupe la première place toutes les fois qu'il s'y trouve pendant la prédication. (D. du 30 décembre 1809, art. 21.)

Dans les paroisses où il y avait autrefois des *marguilliers d'honneur*, il peut en être choisi deux parmi les principaux fonctionnaires publics domiciliés dans la paroisse. Ces marguilliers ainsi pris en dehors du conseil ont droit à une place d'honneur au banc de l'œuvre. (*Idem.*)

Une décision ministérielle du 30 mai 1811 dit que les marguilliers d'honneur ne sont pas compris dans le nombre des personnes appelées à délibérer dans les assemblées du conseil de fabrique et du bureau ; cependant ils ont le droit d'assister au conseil avec voix consultative.

Renouvellement du bureau.

Tous les ans le bureau se renouvelle par tiers, de manière que deux membres sortent successivement, par la voie du sort, à la fin de la première et de la seconde année, et le troisième sort de droit la troisième année révolue. Dans la suite, c'est toujours le marguillier le plus ancien en exercice qui doit sortir. (D. du décembre 1809, art. 16 et 17.)

C'est le conseil de fabrique qui remplace tous les ans le membre sortant du bureau qui peut être réélu. Cette élection a lieu le dimanche de *Quasimodo*. (Ord. royale du 12 janvier 1825, art. 2.) Si l'élection n'a pas été faite dans la session du Conseil de ce jour, c'est à l'Evêque qu'il appartient de nommer le marguillier. (*Id.*)

En cas de vacance par mort ou démission, l'élection en remplacement doit être faite dans la première séance du Conseil de fabrique qui suit la vacance. Si, un mois après, le Conseil n'a pas procédé à l'élection, la nomination appartient à l'Evêque. (*Idem*, art. 3.) Ce marguillier n'est élu que pour le temps qui restait à courir à celui qu'il remplace. (Ordon. royale du 12 janvier 1825, art. 3.)

Nomination du Président, du Secrétaire et du Trésorier.

Une fois le bureau composé, c'est à lui à s'organiser. Ses membres nomment entre eux un président, un secrétaire et un trésorier. (Décret du 30 décembre 1809, art. 19.) Le Conseil n'a pas le droit de faire ces nominations, mais le président du Conseil peut être président du bureau. (Décis. minist. oct. 1811.) Une décision ministérielle en date du 16 mars 1846 a décidé que le Curé ou Desservant ne peut être président du bureau.

Si le Curé ne peut être président du bureau, pourra-t-il être trésorier?

M. Dalloz, dans son *Traité des cultes*, pense qu'il ne le peut pas, à raison de la détention d'une des trois clefs, dont l'une est remise au trésorier. M. Affre, touchant cette question, juge prudent, et nous sommes de son avis, de ne pas accepter cette charge, pour éviter des soupçons injurieux et des débats fâcheux.

Une lettre du ministre de l'intérieur, du 14 novembre 1837, a déclaré que les fonctions de trésorier étaient incompatibles avec celles de conseiller municipal ; lorsque la commune supplée à l'insuffisance des deniers de la fabrique, ou lui alloue une subvention quelconque.

Si, dans le courant d'un mois, le bureau n'a pas nommé son président, son secrétaire et son trésorier, l'Evêque pourvoit à ces nominations. (Décret du 30 décembre 1809, art. 18.)

§ 2. — *Des séances du bureau.*

Le bureau s'assemble tous les mois, à l'issue de la messe paroissiale, sans convocation spéciale, au lieu indiqué pour la tenue des séances du Conseil. (*Idem*, art. 22.)

Dans les cas extraordinaires, le bureau est convoqué soit d'office par le président, soit sur la demande du Curé ou Desservant. (*Idem*, art. 23.)

Les membres du bureau ne peuvent délibérer s'ils ne sont au moins au nombre de trois. En

cas de partage, le président a voix prépondérante. Toutes les délibérations sont signées par
les membres présents. (Décret du 30 décembre 1809.)

Les délibérations du bureau doivent être rédigées sur un registre spécial, coté et parafé
par le président. Il doit être distinct du registre des délibérations du Conseil de fabrique.

§ 3. — *Fonctions du bureau.*

Le bureau des marguilliers dresse le budget
de la fabrique, prépare les affaires qui doivent
être portées au Conseil, est chargé de l'exécution des délibérations du Conseil ; enfin, il a
l'administration journalière du temporel de la
paroisse. (*Idem*, art. 24.)

Les marguilliers sont chargés de veiller à ce
que toutes les fondations soient fidèlement acquittées et exécutées suivant l'intention des fondateurs, sans que les sommes puissent être em-
ployées à d'autres charges. (*Idem*, art. 26.)

Ils fournissent l'huile, le vin, le pain, l'encens, la cire, et généralement tous les objets de

consommation nécessaires à l'exercice du culte ; ils pourvoient également aux réparations et achats des ornements, meubles et ustensiles de l'église et de la sacristie. (Décision du 30 décembre 1809, art. 27.)

Tous les marchés sont arrêtés par le bureau des marguilliers et signés par le Président, ainsi que les mandats. (*Idem*, art. 28.)

Le bureau nomme les prédicateurs sur la proposition du Curé ou Desservant et détermine leurs honoraires, ainsi que ceux des prêtres habitués. (*Idem*, art. 32.)

Dans les villes, il nomme et révoque l'organiste, les chantres, les sonneurs, les bedeaux, les suisses et autres serviteurs, sur la proposition du Curé ; dans les communes rurales, ces nominations et révocations appartiennent au Curé, Desservant ou Vicaire chapelain. (*Idem*, art. 33 ; ord. royale du 12 janvier 1825, art. 7.)

Le bureau doit examiner tous les trimestres les bordereaux, présentés par le trésorier, de la situation active et passive de la fabrique, pour le trimestre précédent ; ces bordereaux sont ensuite signés par les marguilliers et déposés dans la caisse ou armoire de la fabrique, pour être représentés au conseil lors de la reddition du compte annuel. Le bureau détermine dans la même séance les sommes nécessaires pour les dépenses du trimestre suivant. (Décret du 30 décembre 1809, art. 34.)

Les marguilliers, et spécialement le trésorier, sont tenus de veiller à ce que les réparations soient bien et promptement faites. Pour connaître celles qui sont nécessaires, ils doivent visiter les bâtiments, avec des gens de l'art, au commencement du printemps et de l'automne. Ils pourvoient sur-le-champ, et par économie, aux réparations locatives ou autres, qui n'excèdent pas 50 fr. dans les paroisses de moins de mille âmes, et de 100 fr. dans celles d'une population supérieure, mais sans préjudice, toutefois, des dépenses réglées pour le culte. (*Idem*, art. 41.)

Le bureau règle le prix des chaises aux différents offices, sauf l'approbation du conseil; il remplit les formalités prescrites pour la mise en ferme des chaises et des bancs, ou pour les

concessions de places ou de bancs dans l'église.
(Décret du 30 décembre 1809, art. 59.)

Il fait les baux emphytéotiques, les aliénations ou acquisitions, après avoir obtenu la
sanction du conseil, pris l'avis de l'évêque et
obtenu l'autorisation de l'Empereur. (*Idem*,
art. 62.)

Il soutient les procès intentés à la fabrique
ou par elle, après avoir reçu l'autorisation du
Conseil de Préfecture. (*Idem*, art. 17.)

Il veille à la conservation des deniers, des
titres et autres objets appartenant à la fabrique.
(*Idem*, art. 50 et 57.)

Il autorise le trésorier à extraire de sa caisse
les sommes, titres ou papiers qui lui sont nécessaires. (*Idem*, art. 52, 53, 57.)

Enfin, le bureau des marguilliers dresse procès-verbal de l'installation du Curé ou Desservant. (Ord. du 13 mars 1832, art. 1ᵉʳ.)

4. — *Fonctions du président et du secrétaire.*

Le président du bureau a, dans les réunions
du bureau, les mêmes prérogatives que le pré-

sident du conseil dans les assemblées qu'il préside.

Il est seul ordonnateur des dépenses. Aucun payement ne peut, en conséquence, être fait sur les fonds de la fabrique qu'en vertu d'une ordonnance ou mandat de payement délivré par lui.

Tous les marchés sont signés par le président, après avoir été arrêtés par le bureau des marguilliers. (Décret du 30 décembre 1809, art. 28.)

Le secrétaire est chargé de la rédaction des délibérations du bureau. Il doit aussi tenir un sommier sur lequel sont inscrits les baux à ferme ou à loyer, les titres des biens-fonds, des rentes, des fondations, des dons et legs, et des autres revenus fixes de la fabrique. (*Idem*, art. 56.)

Il doit afficher dans la sacristie, au commencement de chaque trimestre, un extrait du sommier des titres, contenant les fondations qui doivent être desservies pendant le trimestre, avec les noms des fondateurs et de l'ecclésiastique qui acquittera chaque fondation. (Décret du 30 décembre 1809, art. 26.)

Le secrétaire du bureau peut être le même que celui du conseil.

§ 5. — *Fonctions du trésorier*.

Le trésorier est chargé de procurer la rentrée des sommes dues à la fabrique. Par suite, il lui appartient de faire tous les actes extraordinaires ou conservatoires pour assurer cette rentrée, ou la conservation des droits de la fabrique. (*Idem.*, art. 25 et 78.)

Toute la dépense de l'église et les frais de sacristie sont faits par le trésorier, et, en conséquence, il n'est rien fourni par aucun marchand ou artisan sans un bon du trésorier, au pied duquel le sacristain ou toute autre personne apte à recevoir la livraison certifie que le contenu audit mandat a été rempli. (*Idem*, art. 35.)

Comme chargé de recettes et de dépenses, le trésorier a des comptes à rendre; il doit présenter au bureau, le premier dimanche du mois de mars de chaque année, son compte pour l'année précédente, et ce compte est communiqué au conseil, avec les pièces justificatives, le dimanche de *Quasimodo*. (Décret du 30 décembre 1809, art. 85 ; Ord. royale du 12 janvier 1825, art. 2.)

Il doit en outre rédiger, à l'expiration de chaque trimestre, et présenter au bureau un bordereau de la situation active et passive de la fabrique. (*Idem*, art. 34.)

Lorsque des dons ou legs sont faits à la fabrique, c'est au trésorier qu'il appartient de réunir tous les documents propres à éclairer le bureau sur la question d'acceptation. C'est sur son rapport que le bureau rédige sa délibération, qui est ensuite transmise au Sous-Préfet ; c'est lui qui doit accepter au nom de la fabrique lorsque la donation est autorisée, et s'en mettre en possession selon les formes prescrites par le Code civil. (*Idem*, art. 68 et 69 ; Circ. du 12 avril 1819.)

L'acte d'une donation ou d'un legs doit être remis au trésorier.

Le trésorier est chargé de défendre devant les tribunaux les droits de la fabrique : dans ce cas, il doit, exposer au conseil de fabrique les motifs qu'elle a de soutenir ou d'intenter un procès. Si le conseil juge à propos de plaider, la délibération prise est transmise au Préfet, qui fait décider par le conseil de préfecture s'il est avantageux à la fabrique de soutenir le procès. Ce n'est pas au nom du trésorier, c'est au nom de la fabrique que le procès doit être soutenu; mais c'est au premier à faire toutes les diligences nécessaires. (Décret du 30 décembre 1809, art. 78 et 79.)

Enfin, le trésorier doit veiller à la conservation des propriétés, des titres et des deniers de la fabrique. Il est responsable des fonds qu'il recouvre, tant qu'ils restent entre ses mains; sa responsabilité ne cesse que lorsqu'il en a fait l'emploi régulier, ou effectué le dépôt dans la caisse de la fabrique sur un récépissé des autres membres du bureau. (Roy, le *Fabricien comptable*.)

Nous voyons par ce qui précède que les fonctions de trésorier sont des plus importantes.

Cet officier de la fabrique ne se borne pas à la recette des fonds ; il est chargé, sauf les délégations et autorisations requises, de la défense de tous les droits réels de la fabrique. Comme membre du bureau et du conseil, il concourt d'ailleurs à toutes les délibérations de l'administration de la fabrique.

§ 6. — *Fonctions et priviléges du Curé dans le bureau.*

Le Curé, membre de droit du bureau, y occupe la première place après le président; il y a voix délibérative comme les autres membres et peut s'y faire remplacer par un de ses vicaires. De plus, il a dans le bureau des attributions spéciales.

C'est à lui qu'il appartient de proposer les dépenses nécessaires à l'exercice du culte; il dresse à cet effet un état qui doit contenir le détail de tous les objets de consommation, d'achat ou de réparations d'ornements, d'ustensiles d'église ou de meubles, lequel est porté en bloc au budget annuel, sous la désignation de dé-

penses intérieures. (Décret du 30 décembre
1809, art. 45.) Le Curé prévient aussi le bureau des réparations nécessaires à l'église, afin
que celui-ci prenne le moyen de droit pour y
pourvoir.

Il doit veiller, concurremment avec le président du bureau et le trésorier, à la conservation des titres et des deniers de la fabrique.
(*Idem*, art. 50.)

Il a un double de l'inventaire du mobilier
de l'église et de la sacristie, et il signe le récollement annuel qui doit être fait de cet inventaire. (*Idem*, art. 55.)

Chaque pièce, transcrite par le secrétaire du
bureau sur le sommier des titres de la fabrique,
est signée et certifiée conforme à l'original par
le Curé ou Desservant, de même que par le
président du bureau. (*Idem*, art. 56.)

Tout notaire devant lequel il a été passé
acte contenant donation entre-vifs ou testamentaire au profit de la fabrique, est tenu d'en
donner avis au Curé ou Desservant. (*Idem*,
art. 58.)

Le Curé fixe le placement des bancs et

des chaises dans l'église, sauf le recours à l'Evêque. (Décret du 30 décembre 1809, art. 30.)

Il agrée les prêtres habitués qui ont des pouvoirs de l'Evêque et qui sont autorisés à exercer dans la paroisse. (*Idem*, art. 33.)

Dans les paroisses rurales, il a seul le droit de nommer et de révoquer les serviteurs de l'église. (Il n'existe aucun signe certain et légal auquel on puisse connaître les paroisses rurales.) Dans les villes, le bureau ne peut les nommer ou les révoquer que sur la proposition du Curé ou Desservant. (*Idem*, art. 33 ; ordonnance royale du 12 janvier 1825, art. 7.)

Le Curé doit rendre compte, à la fin de chaque trimestre, au bureau des marguilliers, des fondations acquittées pendant le cours du trimestre. (Décret du 30 décembre 1809, art. 26.)

Le Curé a une des trois clefs de la caisse ou armoire dans laquelle sont déposés les deniers de la fabrique et les registres, papiers et inventaires. (*Idem*, art. 50.)

5.

Le Curé ayant la responsabilité de tous les objets enfermés dans l'église, c'est à lui seul naturellement qu'il appartient d'en avoir la clef.

C'est à lui qu'appartient encore le droit de régler la sonnerie, comme nous l'avons dit ailleurs. Il doit être le seul dépositaire de la clef du clocher.

En général, quoique la loi attribue au trésorier le pouvoir exécutif de tout ce qui est statué par le Conseil et le bureau touchant les diverses acquisitions, cependant il est de toute convenance que, pour certains achats d'ornements, de mobilier d'église et de sacristie, le bureau remette au Curé le soin de choisir ces divers objets. Qui mieux que lui pourra juger du prix, de l'utilité, des avantages de tels articles tous les jours à son service, plutôt que de tels autres ? Dans les fabriques composées de gens honorables et de cœurs bien nés, on a toujours pour le Curé cette déférence que l'article 45 du décret du 30 décembre 1809 suppose du reste ; puisqu'on ne peut procurer les meubles d'église et de sacristie que d'après le détail fourni par le Curé. C'est que la loi reconnaît que le Curé, usant tous les jours de ces divers objets, peut seul en sentir toute l'utilité et la convenance. La plupart du temps, en effet, que connaîtra un trésorier touchant le prix, les avantages de ces articles? Une conduite différente de celle que nous traçons ici et qu'indique la loi tourne toujours au détriment des deniers de la fabrique.

CHAPITRE III

Les moyens de surveillance et de conservation des deniers, des titres et du mobilier de l'église sont :

1° La caisse de la fabrique ;

2° L'armoire des titres ;

3° Le sommier des titres ;

4° Les inventaires et récollements du mobilier et des archives.

§ 1er. — Caisse de la fabrique.—Placements de fonds libres au Trésor.

Chaque fabrique a une caisse ou armoire fermant à trois clefs, dont une reste dans les mains du trésorier, l'autre dans celles du Curé ou Desservant, et la troisième dans celles du

président du bureau. (Décret du 30 décembre
1809, art. 50.)

Sont déposés dans cette caisse tous les deniers
appartenant à la fabrique, ainsi que les clefs des
troncs des églises. (*Idem*, art. 51.)

La caisse de la fabrique doit être placée
dans le lieu des réunions du conseil et du bureau; on doit prendre toutes les précautions
convenables pour la sûreté des deniers.

Nulle somme ne peut être extraite de la caisse
sans autorisation du bureau, et sans un récépissé qui y reste déposé. (*Idem*, art. 52.)

Pareillement le trésorier a droit d'exiger
pour sa décharge un récépissé des sommes
qu'il verse à la caisse.

Si le trésorier n'a pas dans les mains la
somme fixée à chaque trimestre par le bureau
pour la dépense courante, ce qui manque est
extrait de la caisse, comme aussi ce qu'il se
trouverait avoir d'excédant est versé dans cette
caisse. (*Idem*, art. 53.)

Ainsi, tous les fonds libres des fabriques
doivent être déposés dans la caisse ou armoire
à trois clefs. Cependant les fabriques qui ne

voudraient pas laisser ces fonds improductifs ont la faculté, comme les communes et les hospices, de les placer en compte courant avec intérêts au Trésor public. Et pour cela, le trésorier verse au receveur des finances de l'arrondissement, qui lui délivre un récépissé à talon, toute somme disponible s'élevant au moins à 100 francs.

Ce récépissé est déposé dans la caisse, où il représente le montant des fonds placés.

Lorsque les besoins de la fabrique exigent qu'une partie ou la totalité des fonds soit remboursée par le Trésor, le remboursement est effectué par le receveur des finances, sur la présentation d'un mandat délivré par l'évêque, ou par le vicaire général qui serait appelé à le suppléer pour cet objet. (Décis. ministérielle du 6 décembre 1856.)

§ 2. — *Armoire des titres.*

Sont aussi déposés dans une caisse ou armoire les papiers, titres et documents concernant les revenus et affaires de la fabrique, et notamment les comptes avec les pièces justifi-

catives, les registres des délibérations autres
que les registres courants, le sommier des
titres et les inventaires ou récollements dont il
est question ci-après. (Décret du 30 décembre
1809, art. 54.)

Nul titre ni pièce ne peut être extrait de
l'armoire sans un récépissé qui fait mention de
la pièce retirée, de la délibération du bureau
par laquelle cette extraction a été autorisée, de
la qualité de celui qui s'en charge et signe le
récépissé, de la raison pour laquelle elle a été
tirée de ladite armoire, et, si c'est pour un
procès, le Tribunal et le nom de l'avoué sont
désignés. — Ce récépissé, ainsi que la décharge
au temps de la remise, sont inscrits sur le sommier ou registre des titres. (*Idem*, art. 57.)

Comme la caisse de la fabrique, l'armoire
des titres doit être placée dans le lieu des réunions du conseil et du bureau. Il n'est pas
nécessaire qu'elle ferme à trois clefs. Ordinairement une seule armoire suffit pour recevoir
les deniers, les clefs des troncs, ainsi que les
titres et papiers de la fabrique.

§ 3. — *Sommiers des titres.*

Le secrétaire du bureau doit transcrire, par suite de numéros et par ordre de dates, sur un registre sommier : 1° les actes de fondation, et généralement tous les titres de propriété ; 2° les baux à ferme ou à loyer. (Décret du 30 décembre 1809, art. 56.)

La transcription est entre deux marges, qui servent pour y porter, dans l'une les revenus, et dans l'autre les charges. — Chaque pièce est signée et certifiée conforme à l'original par le Curé ou Desservant, et par le président du bureau. (*Idem.*)

Ce registre, ainsi qu'il est dit au paragraphe précédent, doit être déposé dans l'armoire à titres.

§ 4. — *Inventaires du mobilier de l'église et des archives.*
Récollements annuels.

Il est fait, dans chaque fabrique, et sans frais, deux inventaires, l'un des ornements, linges, vases sacrés, argenterie, ustensiles, et en général de tout le mobilier de l'église ; l'autre des titres, papiers et renseignements, avec mention des biens contenus dans chaque titre, du revenu qu'ils produisent, de la fondation à la charge de laquelle les biens ont été donnés à la fabrique. Un double inventaire du mobilier est remis au Curé ou Desservant. (Décret du 30 décembre 1809, art. 55.)

Il est fait tous les ans un récollement desdits inventaires, afin d'y porter les additions, réformes ou autres changements : ces inventaires ou récolements sont signés par le Curé ou Desservant et par le président du bureau. (*Idem.*)

Les deux inventaires et les récollements annuels sont faits par le bureau des marguilliers.

Il convient, dans la rédaction, d'adopter un mode de nomenclature uniforme. On peut diviser à cet effet l'inventaire des objets mobiliers en trois parties : la première comprend les ornements, linges d'autel et tentures ; la deuxième, les vases sacrés, argenterie et ustensiles ; la troisième, les meubles de l'église et de la sacristie. Autant que possible, il est bon

de rappeler la date de l'achat de chaque objet,
le prix d'acquisition ou la valeur estimative.
On réserve pour cela deux colonnes distinctes
dans l'inventaire.

L'inventaire des archives peut également
offrir trois divisions principales : la première,
pour les titres de propriété, des rentes, des
baux, marchés, adjudications, transactions,
etc, ; la seconde, pour les actes de l'administration et la comptabilité ; la troisième, pour la
correspondance et les pièces diverses qui n'ont
pu trouver place dans les deux divisions précé-
dentes. On peut laisser des pages en blanc,
après ce qui est écrit, pour y porter les objets
qui n'auraient pas été inscrits, lors des récollements annuels. Toutes ces additions forment
autant de suppléments qui doivent être certifiés
par les membres du bureau, comme l'inventaire
principal. Les objets manquant ou hors de service, lors des récollements, doivent être signalés.

CHAPITRE IV

Les revenus des fabriques se composent :

1° Du produit des biens et rentes qui leur ont été restitués ou attribués par les lois, décrets et ordonnances. (Avis du conseil d'Etat, 28 novembre 1809; décision ministérielle, du 6 août 1817.)

2° Du produit des biens, rentes et fondations qu'elles ont été ou sont autorisées à accepter. (*Idem.*)

3° De celui des biens et rentes célés au domaine, dont elles ont été autorisées à se mettre en possession. (*Idem.*)

4° De celui des terrains servant de cimetière. (Décret du 12 juin 1804.)

5° Du prix annuel de la location des chaises. (D. du 30 décembre 1809, art. 36.)

6° Des quêtes pour les frais du culte. (D. du 18 mai 1806 et 30 décembre 1809.)

7° De la concession des bancs placés dans l'église. (D. des 1ᵉʳ août 1805 et 30 décembre 1809.)

8° De ce qui se trouve aux troncs placés dans les églises. (D. des 17 mai 1806 et 30 décembre 1809.)

9° Des oblations faites aux fabriques. (D. des 18 mai 1806 et 26 décembre 1813.)

10° Des droits que, suivant les règlements épiscopaux approuvés par le Gouvernement, les fabriques perçoivent, et de ce qui leur revient sur le produit des inhumations. (D. du 30 décembre 1809, art. 36.)

11° Du supplément donné par la commune, le cas échéant. (*Idem.*)

§ 1ᵉʳ — *Des rentes.*

Les rentes que les fabriques peuvent posséder sont de deux sortes : les rentes sur particuliers, les rentes sur l'Etat.

Rentes sur particuliers.

Le revenu qui provient pour les fabriques des rentes dues par les particuliers est établi par les titres constitutifs qui engagent les particuliers envers les établissements.

Les arrérages de rentes se prescrivent par cinq ans (C. nap., art. 2277), et la prescription a lieu contre les établissements publics, comme contre les particuliers. Les marguilliers et notamment le trésorier, ne doivent pas perdre de vue qu'ils sont comptables, et, à ce titre, responsables envers la fabrique, des pertes que, par leur négligence, ils peuvent lui occasionner. Ils doivent donc veiller à ce que les arrérages de rentes ne restent pas arriérés au delà de cinq ans.

Le remboursement des capitaux qu'on a placés sur des particuliers peut être fait aux fabriques quand les débiteurs le proposent ; mais ceux-ci doivent avertir les marguilliers, dans la personne du trésorier, un mois au moins à l'avance, afin que la fabrique avise pendant ce temps aux moyens de les placer et demande les autorisations nécessaires pour cela.

Ainsi, le débiteur présente une demande en forme de pétition, sur papier timbré. Il y joint la dernière quittance et le titre de la rente, s'il est possible. Ces pièces, accompagnées de la délibération du bureau, sont transmises au Préfet, qui statue en Conseil de préfecture.

Le trésorier n'accepte de remboursement qu'après s'être assuré que les formalités ci-dessus prescrites ont été remplies.

Le débiteur d'une rente constituée en perpétuel peut être contraint de rachat : 1° s'il cesse de remplir ses obligations pendant deux années ; 2° s'il ne fournit pas au prêteur les sûretés promises par le contrat. (C. Nap., art. 1912.)

Le capital est aussi exigible dans le cas de faillite ou déconfiture du débiteur. (*Idem*, art. 1913.)

L'autorisation du Préfet est toujours nécessaire, soit dans le cas de remboursement forcé, soit dans le cas de remboursement volontaire.

Rentes sur l'Etat.

Les fabriques peuvent avoir des rentes sur l'Etat à plusieurs titres : par suite de donations ou legs, par suite d'emploi, en rentes de cette nature, des capitaux disponibles ou provenant de remboursements faits par des particuliers, d'aliénations, de soultes, d'échanges, etc.

Aucun transfert, ni inscription de rentes sur l'Etat ne peut être effectué au profit d'un établissement ecclésiastique qu'autant qu'il a été autorisé par un décret impérial, dont l'établissement présente, par l'intermédiaire de son agent de change, expédition en due forme au directeur du grand-livre de la dette inscrite. (Ord. du 14 janvier 1831, art. 1.)

Les receveurs généraux des finances sont chargés de faire effectuer pour le compte des particuliers, des communes et des établissements publics, et sans frais, sauf ceux de courtage justifiés par bordereau d'agent de change, tous les achats et ventes de rentes qui leur sont confiés.

§ 2. — *Cimetières.*

Le cimetière est une propriété communale et non une propriété de la fabrique. Si un cimetière avait été acquis par une fabrique ou tout autre établissement, la commune devrait s'entendre avec l'établissement ou la fabrique pour leur rembourser le prix et en devenir propriétaire. (Avis des 26 octobre 1825 et 15 mars 1833.)

Dès lors, la fabrique n'a pas le droit de faire à des particuliers des concessions de terrain dans les cimetières et de les autoriser à y ériger des monuments; ce droit appartient à la commune. (Décret du 12 juin 1804.)

La fabrique n'a droit qu'aux produits spontanés du cimetière, c'est-à-dire aux fruits et herbes qui y croissent naturellement et sans le secours de l'agriculture. (Décret du 30 décembre 1809, art. 36.)

D'après les arrêts du roi, 2 juin 1614, du parlement de Rennes, 14 mai 1622, de celui de Paris, 4 août 1745, il était défendu aux fabriques de faire la moindre spéculation de culture dans les cimetières ; elles ne pouvaient les affermer pour les faire pâturer.

Quant aux arbres, il faut distinguer s'ils ont crû spontanément dans le cimetière, s'ils ont été plantés par les communes, ou s'ils ont crû au milieu des haies servant de clôtures. Les fabriques sont propriétaires des premiers s'ils sont nés depuis 1809, époque à laquelle les produits ont été attribués aux fabriques ; les communes le sont des autres et ont droit à leurs produits et émondages. (Avis du com. de législ., 22 mai 1841.)

Les frais d'entretien du cimetière sont à la charge de la fabrique. (Décret du 30 décembre 1809, art. 37.) Les motifs qui ont fait attribuer cette charge à la fabrique, ce sont les revenus qu'elle peut retirer des produits du cimetière, produits qui sont nuls le plus souvent.

D'après une décision ministérielle de 1864, la commune est obligée aux frais d'entretien du cimetière, lorsque la fabrique n'a pas de fonds pour couvrir cette dépense. La commune, au reste, est dédommagée de ces frais par le prix qu'elle retire des concessions de terrain qu'elle peut faire aux particuliers. (*Bulletin des lois.*)

§ 3. — *De la concession de places et bancs dans l'église.*

Aucune concession de places ou de bancs dans l'église ne peut être faite, soit par bail pour une prestation annuelle, soit au prix d'un capital ou d'un immeuble pour un temps plus long que la vie de ceux qui l'auront obtenue. (Décret du 30 décembre 1809, art. 68.)

Il n'y a d'exception à cette règle que dans les cas suivants : Celui qui a entièrement bâti une église peut retenir la propriété d'un banc ou d'une chapelle pour lui et sa famille, tant qu'elle existera. Tout donateur ou bienfaiteur d'une église peut obtenir la même concession, sur l'avis du Conseil de fabrique, approuvé par l'Evêque. (*Idem*, art. 72.)

Cet article renferme deux cas totalement distincts : Dans le premier cas, celui qui a entièrement bâti une église a le droit, sans avis du Conseil de fabrique, approuvé par l'évêque et le ministre des cultes, de jouir, lui et sa famille, gratuitement du banc ou de la chapelle qu'il choisit ; dans le second cas, le bienfaiteur ou le donateur a besoin de la susdite autorisation.

Mais que faut-il entendre par bienfaiteur ou donateur ?

Sans doute, pour donner droit à un banc, les bienfaits doivent avoir une certaine importance et donner un avantage à la fabrique. Ils sont fixés, dit M. Dalloz, par diverses décisions ou circulaires ministérielles, dans les paroisses rurales, pour un simple banc, de 5 à 25 francs de rente annuelle ; pour une chapelle, de 50 francs pour deux époux seulement. Dans les villes, il faut au moins constituer une rente de 200 francs pour être réputé bienfaiteur d'une église. Dans l'ouvrage de M. Dalloz, nous trouvons citées en ce sens trois décisions ministérielles du 16 mai 1812, 17 février 1813 et 12 avril 1819.

En accordant la concession du banc au bienfaiteur d'une église, la fabrique désignera sans

6.

doute la place que doit occuper le banc. Mais il n'en sera pas ainsi de celui qui aura entièrement bâti une église. Celui-ci pourra placer son banc là où il voudra, au chœur même; telle était la latitude que lui accordaient les lois anciennes. Et dans le silence des nouvelles, on doit, dit M. Dalloz d'accord avec M. Affre, se prononcer dans le même sens, pourvu que le placement de ce banc ne soit pas en désaccord avec la distribution ou la symétrie de l'église, et qu'il ne gêne pas à l'exercice des cérémonies religieuses.

La concession n'a lieu que pour le bienfaiteur et sa famille; il pourrait l'obtenir pour lui et ses ayants-cause. (Av. du conseil de l'int., du 24 novembre 1838.)

Les formalités à remplir pour la location ou la concession des bancs sont différentes dans les trois cas suivants : 1° s'il s'agit d'une concession pour un immeuble; 2° s'il s'agit de recevoir un capital ou une valeur mobilière une fois donnée ; 3° s'il s'agit d'une concession au prix d'une prestation annuelle.

Dans le premier cas, le prix de la concession

ne forme pas une recette ; il augmente la fortune immobilière de l'établissement, et le produit de l'immeuble est perçu au même titre
que celui des autres propriétés. Celui qui veut
obtenir la concession présente sa demande au
bureau des marguilliers ; le bureau fait évaluer
le capital et le revenu de l'immeuble, et fait
publier par trois dimanches et afficher à la
porte de l'église, pendant un mois, tant la demande que l'évaluation de l'immeuble offert ;
si, après un mois, il n'est pas fait d'offre plus
avantageuse, le conseil délibère sur la demande,
et, si elle est acceptée, il sollicite l'autorisation
de l'Empereur. (D. du 30 décembre 1809,
art. 69, 70, 71.)

Dans le second cas, on suit les mêmes formalités que s'il s'agissait d'un immeuble ; seulement, l'autorisation de l'Empereur ne serait
nécessaire que dans le cas où le capital, ou
la valeur de l'objet mobilier offert, excéderait
300 francs. Au-dessous de cette somme, l'autorisation du Préfet suffit. (*Idem.*) Les sommes d'argent perçues par le trésorier pour ces concessions sont portées en recettes extraordinaires.

Enfin, s'il s'agit d'une location pour une prestation annuelle, la demande de concession est préalablement publiée par trois dimanches et affichée à la porte de l'église pendant un mois. Si, dans cet intervalle, il n'est pas fait d'offre plus élevée, le conseil est saisi de la demande par le bureau, et s'il est d'avis de faire la concession, la délibération est un titre suffisant et l'autorisation du Préfet n'est pas nécessaire. A l'expiration du délai d'un mois, et au jour indiqué par les affiches, le bureau procède à l'adjudication. (Décret du 30 décembre 1809.)

Ni les nouveaux, ni les anciens règlements n'exigent que le procès-verbal d'adjudication soit notarié. Cet acte peut être fait dans la forme des actes administratifs ou sous seing privés. Toutefois l'assistance d'un notaire présenterait souvent l'avantage d'une plus grande régularité, les marguilliers n'étant pas toujours bien au courant des formalités prescrites. Le bureau de la fabrique a le droit de constater le consentement et l'obligation des concessionnaires qui ne savent pas signer.

Le procès-verbal d'adjudication doit être enregistré.

La concession de bancs ne peut être consentie qu'au profit des personnes domiciliées dans la paroisse. D'où il résulte que le concessionnaire qui a changé de domicile perd la jouissance de son banc, s'il a été adjugé depuis son départ à un autre paroissien ; c'est là l'avis de M. Carré. M. Jousse ajoute que le concessionnaire n'a pas le droit d'enlever son banc, quand même il l'aurait fait construire lui-même.

Quant aux frais d'entretien et de réparation des bancs, ils incombent aux concessionnaires, si ce sont de simples réparations ; si le banc a besoin d'être refait à neuf, soit pour cause de vétusté, soit par un accident de force majeure, c'est la fabrique qui est tenue de faire la réparation. C'est ainsi que pensent MM. Affre, Jousse, Carré, etc.

§ 4. — *De la location des chaises.*

Le prix des chaises doit être réglé pour les différents offices par délibération du bureau, approuvée par le conseil; cette délibération est affichée dans l'église. (D. du 30 décembre 1809, art. 64.)

Le bureau des marguilliers peut être autorisé par le conseil, soit à régir la location des chaises, soit à la mettre en ferme. (*Idem*, art. 66.)

Dans le premier cas, la fabrique charge une ou plusieurs personnes d'en percevoir le prix à chaque office.

Dans le second cas, le conseil doit dresser un cahier des charges, qui indique, entre autres conditions : 1° le prix des chaises aux différents offices; 2° le nombre des chaises à fournir par l'adjudicataire; 3° l'espace qui doit être laissé libre pour les personnes qui n'ont ni bancs ni chaises. Ce cahier des charges est soumis à l'approbation du Préfet.

L'adjudication a lieu le jour fixé par le cahier des charges, après trois affiches apposées de huitaine en huitaine.

Les enchères sont reçues au bureau de la fabrique par soumission, et l'adjudication est faite au plus offrant, en présence des marguilliers; de tout quoi il est fait mention dans le bail, lequel est passé devant notaire. (D. du 30 décembre 1809, art. 67.)

Le bail est soumis, comme celui des biens ruraux, à l'approbation du Préfet, et, dans les vingt jours qui suivent cette approbation, à la formalité de l'enregistrement, aux frais de l'adjudicataire. (M. Roy, le *Fabricien comptable.*)

Aucun membre de la fabrique ne peut se présenter comme adjudicataire pour la ferme des chaises. (D. du 30 décembre 1809, art. 61.)

Le trésorier doit exiger de l'adjudicataire que le prix de ferme soit acquitté exactement aux époques déterminées par le cahier des charges.

Les chaises louées dans les églises appartiennent au premier occupant, moyennant le payement du prix fixé par le tarif. (Circ. minist. 7 frimaire an X.)

Ce prix est dû, même par celui qui apporte sa chaise dans l'église; s'il résistait, il s'exposerait aux peines encourues par ceux qui troublent l'exercice du culte. (Décis. minist. du 31 janvier 1812.)

Il est expressément défendu de rien percevoir pour l'entrée de l'église, et il doit toujours être laissé dans les églises un emplacement libre pour les personnes qui ne louent ni chaises, ni bancs. (D. du 30 décembre 1809, art. 65.)

§ 3. — *Des monuments et inscriptions.*

Nul cénotaphe, nulles inscriptions, nuls monuments funèbres ou autres, de quelque genre que ce soit, ne pourront être placés dans les églises que sur la proposition de l'Évêque diocésain et la permission du Ministre des cultes. (*Idem*, art. 73.)

Si l'autorisation est exigée pour l'érection d'un monument de ce genre, elle le sera pareillement pour son déplacement. M. Affre dit que les réparations de ces monuments n'incombent pas à la fabrique, mais bien à la famille à laquelle ils appartiennent.

On n'accorde de telles autorisations qu'aux bienfaiteurs des églises. Le bienfait doit être au moins de dix francs de rente. (Décis. minist. du 11 décembre 1812.)

§ 6. — *Des quêtes pour les frais du culte.*

Tout ce qui concerne les quêtes dans les églises est réglé par l'Évêque sur le rapport des marguilliers, sans préjudice des quêtes pour les pauvres, lesquelles doivent toujours avoir lieu dans les églises toutes les fois que les bureaux de bienfaisance le jugent convenable. (D. du 30 décembre 1809, art. 75.)

Si ces règles n'existent pas, c'est au Curé à diriger ces quêtes. Il peut quêter lui-même, ou il fait quêter, soit par des ecclésiastiques, soit par des marguilliers, ou par toute autre personne de la paroisse.

Les Curés ou Desservants peuvent également faire des quêtes hors de l'église pour subvenir aux frais du culte. (Affre, *Traité des paroisses* ; Roy, *le Fabricien comptable*.)

Les quêtes de la fabrique, dit le décret du 30 décembre 1809, art. 74, doivent être inscrites à mesure qu'elles sont perçues, avec la date du jour et du mois, sur le livre-journal du trésorier. Cependant, il est assez d'usage aujourd'hui

7

de verser le produit de ces quêtes dans un tronc qu'on ouvre à certaines époques. Comme le décret de 1809 sur les fabriques distingue le produit des quêtes de celui des troncs, il est nécessaire de ne pas confondre les deux recettes et d'en faire dans les comptes deux articles séparés.

La levée du tronc des quêtes doit être constatée par un procès-verbal dressé par les membres du bureau qui en ont fait l'ouverture; ce procès-verbal est remis au trésorier pour lui servir de justification dans son compte annuel.

De son côté, le trésorier délivre au bureau une quittance ou récépissé, qui est déposée dans l'armoire des titres.

§ 7. — *Des troncs.*

Le placement des troncs dans les églises est réglé par l'Evêque sur la proposition des marguilliers.

Les clefs des troncs sont déposées dans la caisse ou armoire fermant à trois clefs. (D. du 30 décembre 1809, art. 51.)

Pour la levée de ces troncs, on procède, comme précédemment pour la levée du tronc des quêtes.

On donne le nom d'*oblation* aux droits que les ministres des cultes sont autorisés à percevoir pour l'administration des sacrements.

§ 8. — *Des oblations en usage.*

On donne encore le nom d'*oblation* aux offrandes purement volontaires faites à l'autel ou hors de l'autel, à la quête ou au tronc, par dévotion ou par quelque cause pieuse.

Les oblations faites à l'autel appartiennent au Curé ou Desservant, les autres sont la propriété exclusive des fabriques. (Déc. ministérielle, du 18 septembre 1835 et du 31 mars 1837.)

En outre, il y a des oblations qui sont tarifées et d'autres qui ne le sont pas. Ces dernières, qui sont purement libres, appartiennent à la fabrique quand elles lui sont attribuées par l'usage, ou par la volonté, soit formelle, soit présumée des donateurs.

§ 9. — *Des droits casuels de la fabrique.*

Un tarif arrêté pour tout le diocèse fixe les droits casuels de la fabrique. Ce tarif est rédigé par l'Evêque et approuvé par décret rendu sur le rapport du ministre des cultes et délibéré au Conseil d'Etat. Aucune oblation ne peut donc être perçue en dehors du règlement.

Ce règlement détermine les proportions dans lesquelles les oblations sont partagées entre la fabrique, le Curé, ses vicaires et les autres officiers de l'église. (Décis. ministérielle du 16 novembre 1807.)

Le droit de fabrique est perçu par le trésorier. Le droit du Curé et des autres prêtres doit être perçu par le Curé ou par un membre du clergé. Celui des serviteurs de l'église est perçu par eux-mêmes.

En cas de contestations pour l'acquit des droits qui reviennent à chacun, c'est aux juges de paix qu'il appartient de statuer sur les poursuites exercées et de condamner au payement les débiteurs. (Décis. ministérielles des 10 avril et 14 octobre 1807.) C'est dans ce sens que le tribunal de Saint-Etienne a porté un jugement, en date du 17 mars 1851. (*Recueil périodique*, année 1852.)

§ 10. — *Droits de la fabrique dans les frais d'inhumation.*

Le décret du 23 prairial an XII règle le produit des inhumations. D'après l'article 23 de ce décret et l'article 7 de celui du 18 mai 1806, les fabriques seules jouissent du droit de faire les fournitures nécessaires pour les enterrements et pour la décence et la pompe des funérailles, tant à l'intérieur qu'à l'extérieur de l'église.

Un tarif ou règlement particulier à chaque église établit les droits à percevoir. Ce tarif, divisé par classes, est dressé par l'Evêque, sur la proposition de la fabrique ; il est ensuite communiqué au conseil municipal et au Préfet, et soumis avec leur avis, par le Ministre des cultes, à l'approbation de l'Empereur. (D. du 18 mai 1806, art. 6 et 7.

Les fabriques peuvent exercer ou affermer

leur droit de faire les fournitures nécessaires aux inhumations. (Décret du 18 mai, art. 7.)

En outre, ce décret règle tout ce qui concerne le transport des corps, les entreprises ou régies intéressées des funérailles dans les villes où les fabriques ne font pas elles-mêmes les fournitures.

L'action des fabriques en payement des frais d'inhumation et des services funèbres se prescrit par six mois. (*J. des cons. de fabrique.*)

§ 11. — *Des droits sur la sonnerie.*

Le produit de la sonnerie appartient à la fabrique seule, qui est chargée de payer le salaire des sonneurs.

L'usage des cloches pour les cérémonies qui intéressent directement les particuliers, telles que les baptêmes, mariages, enterrements, anniversaires, est soumis aux droits et oblations qui peuvent être établis par le tarif des oblations, revêtu de l'approbation du Gouvernement. (Déc. ministérielle, du 29 mai 1806.)

§ 12. — *Des droits sur la cire.*

Les décrets du 30 décembre 1809 et du 26 décembre 1813 fixent, ainsi qu'il suit, les droits sur la cire.

Les cierges qui appartiennent à la fabrique sont : 1° ceux qui sont offerts sur le pain béni ou autour ; 2° ceux qui sont délivrés pour les annuels ; 3° une partie de ceux qui sont offerts aux enterrements. (D. du 30 décembre 1809, art. 76.)

Les cierges offerts sur le pain béni appartiennent à la fabrique ; mais ceux qui sont tenus à la main par la personne même appartiennent au Curé. (Lettre du ministre des cultes, du 31 mai 1837.)

Appartiennent également à la fabrique les cierges délivrés pour les annuels ou services anniversaires. Les fabriques peuvent fournir ces cierges moyennant une somme convenue. Dans ce cas, le trésorier porte cette somme en recette dans ses écritures et porte en dépense le prix des cierges pour le service.

Quant aux cierges offerts aux enterrements, la partie qui est attribuée à la fabrique est fixée ainsi qu'il suit par le décret du 26 décembre 1813 : les cierges qui, aux enterrements et services funèbres, sont portés par les membres du clergé leur appartiennent; les autres cierges placés autour du corps et à l'autel, aux chapelles et aux autres parties de l'église, appartiennent savoir : une moitié à la fabrique, et l'autre moitié aux membres du clergé qui y ont droit. Ce partage se fait en raison du poids de la totalité de la cire. (D. du 26 décembre 1813, art. 1 .)

§ 13. — *Des dons et legs.*

La donation est un acte par lequel le donateur se dépouille actuellement et irrévocablement d'une chose en faveur du donataire qui l'accepte. (Code Nap., art. 894.)

Le legs est une donation faite par testament pour le temps où le testateur n'existera plus. (*Idem.*, art. 895.)

Les dons et legs de biens meubles et immeubles, faits au profit des fabriques, ne peuvent être acceptés qu'après l'autorisation du chef de l'Etat. (Ord. du 2 avril 1817, art. 1er.) Toutefois, l'acceptation des dons et legs en argent ou objets mobiliers n'excédant pas 300 francs peut être autorisée par les Préfets. (*Idem.*)

Lorsqu'il y a charge de service religieux, l'autorisation n'est accordée qu'après l'approbation provisoire de l'Evêque diocésain. (*Idem*, art. 2.)

Ces legs ou ces donations avec charge de services religieux s'appellent fondations.

Les donations faites aux fabriques avec réserve d'usufruit en faveur du donateur ne peuvent être autorisées. (Ord. du 14 janvier 1831, art. 41.)

Si la réserve était faite en faveur d'un tiers, elles pourraient l'être.

Les legs et donations dûment autorisés sont acceptés par le trésorier au nom de la fabrique. (Ord. du 2 avril 1817, art. 2.)

L'acceptation a lieu par acte authentique, et elle doit être notifiée au donateur, conformément à l'article 932 du Code civil.

Tout notaire devant lequel il a été passé un acte contenant donation entre-vifs ou disposition testamentaire en faveur d'une fabrique, est tenu d'en donner avis au Curé ou Desservant. (Décret du 30 décembre 1809, art. 58.) S'il s'agit d'une donation entre-vifs, cet avis doit être donné immédiatement après la passation de l'acte, afin de pouvoir obtenir l'autorisation d'accepter cette donation le plus promptement possible, les donations entre-vifs n'étant irrévocables qu'après l'acceptation.

Lorsqu'il s'agit d'un testament, il n'est donné avis qu'après la mort du testateur. A l'égard des legs, la faculté de les accepter ou de les répudier ne se prescrit que par trente ans.

Tout acte contenant des dons ou legs en faveur d'une fabrique est remis au trésorier, qui doit en faire son rapport à la prochaine séance du bureau. (*Idem*, 1809, art. 59.)

Le bureau prend une délibération dans laquelle il émet son avis sur le legs ou la donation. A l'appui de sa demande d'autorisation, il doit fournir les pièces spécifiées ci-après :

Pour un legs : 1° Une expédition *in extenso* du testament délivrée par le notaire, avec deux copies dont une sur papier au timbre de 1 fr. 50 cent. et l'autre sur papier libre. Ces copies ne doivent pas être certifiées conformes ;

2° Acte de décès du testateur sur papier au timbre de 1 fr. 50 cent. ;

3° Certificat délivré par le Maire, sur papier au timbre de 50 cent., constatant que le testateur a agi librement, indiquant s'il a ou n'a pas laissé d'héritiers à réserve, et, dans le cas de l'affirmative, faisant connaître si la libéralité dépasse ou ne dépasse point la quotité disponible ; ce certificat doit encore indiquer la valeur approximative de la succession, le nombre des héritiers, leur position de fortune et enfin leur degré de parenté avec le testateur ;

4° Procès-verbal descriptif et estimatif, délivré par un expert, constatant la valeur locative et vénale de l'immeuble légué, à moins que ce ne soit un capital ou une rente ;

5° Copie certifiée conforme par le président de la fabrique, sur une formule imprimée, du budget de la fabrique ;

6° Consentement des héritiers à la délivrance
du legs, donné par acte notarié, ou sous seing
privé, en faisant légaliser les signatures par
qui de droit. Dans le cas contraire, on doit
joindre au dossier, ou leur mémoire spontané
indiquant les motifs du refus, ou une copie de
l'acte extra-judiciaire constatant que tous les
héritiers connus ont été appelés à prendre connaissance du testament, accompagné de l'acte
dressé par le notaire à la requête du trésorier.

Toutes les fois que les héritiers ou quelques-
uns d'entre eux se seront opposés à la délivrance d'un legs, la fabrique légataire devra
émettre son avis sur la valeur des motifs de
cette opposition, en faisant connaître le montant de la succession, le nombre des réclamants,
la part afférente à chacun d'eux et leur position
de fortune.

S'il n'y avait pas d'héritiers connus, on af-
ficherait par trois reprises consécutives, de
huitaine en huitaine, l'extrait du testament, au
chef-lieu de la mairie du domicile du testateur,
lequel extrait serait inséré dans le journal judi-
ciaire de l'arrondissement ou du département,

avec invitation aux héritiers d'adresser au Préfet, dans le même délai, les réclamations qu'ils auraient à présenter.

Pour une donation: 1° Une expédition de l'acte de donation délivrée par le notaire, avec deux copies, dont une sur papier au timbre de 1 fr. 50 cent., et l'autre sur papier libre;

2° Certificat de vie du donateur, sur papier au timbre de 50 cent. ;

3° Certificat délivré par le Maire, aussi sur papier au timbre de 50 cent., indiquant si le donateur a ou n'a point d'héritiers à réserve, et, dans le cas de l'affirmative, faisant connaître si la libéralité dépasse ou ne dépasse point la quotité disponible ; ce certificat doit constater encore que le donateur a agi librement et que la fortune dont il jouit lui a permis de faire cette libéralité ;

4° Renseignements donnés par le Maire sur la position de fortune du donateur, sur celle de ses héritiers naturels et sur le degré de parenté avec lui ;

5° Procès-verbal descriptif et estimatif, délivré par un expert, constatant la valeur loca-

tive et vénale de l'immeuble donné ou la valeur
vénale de l'objet donné, à moins que ce ne
soit un capital ou une rente ;

6° Copie du budget de la fabrique, comme
il est dit pour le legs.

La délibération du bureau et les pièces sus-
désignées sont envoyées au Sous-Préfet, qui,
après avoir donné son avis, les transmet au
Préfet. Celui-ci, après avoir consulté l'Evêque,
les adresse au ministre des cultes, avec ses
propres observations.

Les mêmes formalités doivent être observées
pour les dons et legs qui n'excèdent pas 300
francs, qui comprennent des objets mobiliers
ou des sommes d'argent, et pour lesquels l'autorisation du Préfet remplace l'autorisation
impériale.

Immédiatement après la réception de l'autorisation, le legs ou la donation est accepté par
le trésorier au nom de la fabrique (Ord. du
2 avril 1817, art. 3 ; circ. minist. 12 avril
1819,) sauf le cas où le trésorier serait lui-
même donateur ; l'acceptation doit alors être

faite par le président de la fabrique. (Ord. du 7 mai 1826.)

Si le testateur ou le donateur a stipulé que les services religieux imposés seront acquittés par le Curé lui-même, celui-ci, par un acte à part, doit prendre l'engagement, tant en son nom qu'au nom de ses successeurs, d'acquitter les charges imposées.

Il n'est pas nécessaire d'obtenir l'autorisation du Gouvernement pour accepter les dons manuels, c'est-à-dire ceux qui concernent des sommes d'argent ou autres objets mobiliers et qui sont consommés par la tradition réelle de l'objet donné. (Arrêt de cass. du 26 novembre 1833.)

Cependant, l'autorisation préalable serait nécessaire, si le don était fait à une condition onéreuse, ou qu'il eût pour objet des créances ou des droits incorporels.

§ 14. — Des fondations.

Les droits de mutation auxquels donnent lieu les dons et legs doivent être payés dans les six mois qui suivent le jour où le décret d'autorisation a été reçu au bureau de la fabrique.

Les fondations au profit des fabriques sont autorisées par un décret impérial, rendu en conseil d'État, sur l'avis préalable de l'Evêque. (C. Nap., art. 910 ; Ord. du 2 avril 1817, art. 1er.)

L'acceptation des fondations est soumise aux mêmes formes que celle des dons et legs ; et les mêmes pièces doivent accompagner la demande d'autorisation.

Les fondations sont exécutées par les personnes désignées dans l'acte de fondation. Si personne n'est spécialement indiqué, ou si cette personne n'existe pas, ou s'il y a impossibilité légale, canonique ou morale de lui confier la fondation, elle doit être exécutée par le Curé et les vicaires. Ce n'est qu'à leur défaut qu'elle peut être acquittée par des prêtres habitués et autres ecclésiastiques. (D. du 30 décembre 1809, art 31.)

Le prêtre chargé du service doit recevoir l'honoraire entier que le titre de fondation ou le règlement épiscopal a déterminé.

§ 15. — *Du supplément donné par la commune.*

Les charges des communes relativement au culte sont :

1. De suppléer à l'insuffisance des revenus de la fabrique pour acquitter, soit les frais indispensables du culte, soit les dépenses nécessaires pour le maintien de sa dignité, soit les gages des officiers et serviteurs de l'église, soit les réparations des bâtiments, ou pour fournir à la subsistance de ceux des ministres que l'État ne salarie pas. (D. du 30 décembre 1809, art. 49 et 92.)

2° De suppléer également à l'insuffisance des revenus de la fabrique pour acquitter le traitement des vicaires. (*Idem*, art. 39.)

3° De fournir au Curé ou Desservant un presbytère, ou, à défaut de presbytère un logement, ou, à défaut de presbytère et de logement, une indemnité pécuniaire; (*Idem*, art, 92; L. 18 juillet 1837, art. 30.)

4° De fournir aux grosses réparations des

édifices consacrés au culte. (Décret du 30 décembre 1809, art. 92.)

Dans les trois derniers cas, la commune acquitte ordinairement les dépenses à sa charge aux créanciers eux-mêmes et sans l'intervention de la fabrique; il n'y a lieu, par conséquent, à aucune opération comptable de la part du trésorier. Mais il n'en est pas de même dans le premier cas; les fonds que la commune doit fournir pour les dépenses nécessaires du culte sont versés par douzième, de mois en mois, entre les mains du trésorier, qui demeure chargé d'en faire et d'en justifier l'emploi. Le trésorier ne reçoit les fonds des mains du percepteur que d'après un mandat du Maire qui ordonne le payement. Il délivre de la somme reçue une quittance timbrée dûment motivée et s'en charge immédiatement en recette, dans la même forme que tout autre produit de la fabrique.

Lorsque la fabrique est dans le cas de faire un appel à la commune pour pourvoir à l'acquit de ses charges ordinaires, voici ce qu'il y aura à faire :

Le budget, après avoir été approuvé par l'Évêque, et le compte de l'année précédente doivent être déposés à la mairie avant l'ouverture de la session du conseil municipal dans laquelle est délibéré le budget de la commune.

Si le conseil municipal est d'avis de demander une réduction sur quelques articles de dépense de la célébration du culte, sa délibération doit en porter les motifs. Cette délibération à laquelle est joint le budget de la fabrique, est transmise au Préfet par l'intermédiaire du Sous-Préfet. Le Préfet communique les pièces à l'Évêque diocésain pour avoir son avis. Dans le cas où l'Évêque et le Préfet seraient d'avis différents, il peut en être référé, soit par l'un, soit par l'autre, au Ministre des cultes. (Décret du 30 décembre 1809, art. 93 et 96.)

Si le conseil municipal n'allouait pas les fonds exigés ou n'allouait qu'une somme insuffisante, l'allocation nécessaire serait inscrite au budget par arrêté du Préfet, en conseil de préfecture. (L. du 18 juillet 1837, art. 30 et 39.)

Les fabriques dont les revenus annuels ne couvrent pas les dépenses obligatoires, peuvent faire arrêter, une fois pour toutes, par l'Evêque et par le Préfet, l'état des dépenses et des recettes, et fixer un secours annuel égal au déficit constaté. La subvention ainsi réglée devient obligatoire pour la commune.

Lorsque la fabrique est dans le cas de faire un appel à la commune pour les grosses réparations dont elle a reconnu l'urgence, le bureau fait son rapport au conseil, et celui-ci prend une délibération tendant à ce qu'il y soit pourvu par la commune. Cette délibération est envoyée, par le président ou par le trésorier, au Préfet par l'intermédiaire du Sous-Préfet. (D. du 30 décembre 1809, art. 43 et 94.)

Le Préfet nomme les gens de l'art par lesquels, en présence du conseil municipal et de l'un des marguilliers, il doit être dressé, le plus promptement possible, un devis estimatif des réparations. Le Préfet, sur l'avis du conseil municipal, ordonne, s'il y a lieu, que les réparations soient faites par la commune, et, en conséquence, qu'il soit procédé par l'autorité municipale, en la forme accoutumée, à leur adjudication au rabais. (Décret, du 30 décembre 1809, art. 95.)

CHAPITRE V

Les charges des fabriques sont : 1° de fournir aux frais nécessaires du culte, savoir : les ornements, les vases sacrés, le linge, le luminaire, le pain, le vin, l'encens, le sel, le charbon et autres menues dépenses ; 2° le payement des vicaires, des sacristains, chantres, bedeaux et autres employés au service de l'église, désignés par le Curé ; 3° de payer les honoraires des prédicateurs les jours de solennité ; 4° de pourvoir à la décoration et aux dépenses relatives à l'embellissement intérieur de l'église ; 5° de veiller à l'entretien des églises, presbytères et cimetières, et, en cas d'insuffisance de leurs revenus, de faire toutes les démarches nécessaires pour qu'il soit pourvu par la commune et par l'administration aux réparations et reconstructions devenues nécessaires. (D. du 30 décembre 1809, art. 37.).

§ 1er. — *Frais nécessaires à la célébration des cultes.*

Ornements.

Quoique le décret de 1809 ne dise pas en quoi doivent consister les ornements pour le culte, il faut ici s'en rapporter à l'usage.

Or, chaque église paroissiale doit avoir au moins une chasuble propre de chaque couleur; et, en outre, quelques-unes de plus communes pour les jours ordinaires. Les plus pauvres églises doivent avoir au moins un ornement propre de toutes couleurs; plus un ornement noir propre et quatre autres chasubles plus communes, y compris une noire. Chaque chasuble doit avoir son étole, manipule, voile et bourse de la même couleur et de la même étoffe et également propres.

Dans les paroisses où l'on a des chantres, un diacre et un sous-diacre, il faut qu'il y ait un ornement complet de chaque couleur, ou un ornement au moins propre de toute couleur.

Les prêtres qui ne sont pas attachés à la

paroisse et à laquelle ils ne rendent aucun service n'ont pas droit à réclamer l'usage des ornements. Il en serait autrement, s'ils disaient à une heure fixe une messe pour la paroisse. (M. Affre, *Traité des Paroisses.*)

Les chapes font encore partie des ornements nécessaires au culte. Il est à désirer que chaque église ait au moins une chape de chaque couleur, mais il est de rigueur qu'il y en ait au moins une propre de toute couleur, une autre plus commune de même genre et au moins une de noire.

Les étoles pastorales, écharpes, palles, la bourse pour le Saint-Viatique, le voile pour le Saint-Sacrement, une bannière au moins, un drap mortuaire, etc., sont autant d'ornements que demandent les besoins du culte.

Les réparations et entretien des ornements figurent chaque année au budget de la fabrique. (D. du 30 décembre 1809, art. 45.)

Vases sacrés.

On doit pour les vases sacrés s'en rapporter encore à l'usage d'après lequel toute paroisse doit avoir un calice, et deux, si on est plus de deux prêtres. Il faut un ostensoir, un ciboire, une boîte des saintes huiles.

Outre ces vases sacrés, la fabrique est obligée de fournir les burettes avec leur bassin, l'encensoir, la navette, un vase pour l'eau bénite avec son goupillon, une cuvette en plomb ou en cuivre pour l'eau baptismale et une lampe pour brûler devant le Saint-Sacrement. Elle doit se pourvoir des livres d'église, tels que : un Missel pour le célébrant, un second pour le chant de l'épître, un troisième, s'il y a plus de deux prêtres ; un Graduel et un Vespéral pour le chant, un Rituel pour l'administration des sacrements ; elle doit fournir encore certains meubles indispensables, comme chandeliers, croix, pupîtres, etc.

Linge.

L'article 37 du décret de 1809 parle du linge nécessaire aux églises, sans entrer dans aucun détail. La fabrique doit avoir deux aubes au moins pour chaque prêtre attaché au service de la paroisse ou qui y est habitué, deux cordons, six amicts, douze purificatoires, douze manuterges ; il faut aussi six nappes pour chaque autel où se fait un service paroissial, deux nappes de communion, six essuie-mains, un corporal pour la bourse de chaque ornement, un pour le tabernacle et un pour le reposoir. Les ornements, les aubes et les nappes ne doivent pas servir quand ils sont déchirés ; s'ils sont trop vieux, ils doivent être réformés.

Quant aux surplis, les uns disent que la fabrique doit les fournir, les autres prétendent le contraire, considérant le surplis comme habit du Curé. Cependant, lorsqu'il s'agit de l'administration des sacrements, et de toute cérémonie publique pour les besoins de la paroisse, nous pensons que les surplis sont à la charge de la fabrique, comme l'étole dont le prêtre est revêtu dans la plupart de ses fonctions. Pour les prêtres habitués, le surplis est toujours à leur charge ; excepté qu'ils ne soient employés pour une fonction paroissiale, la fabrique étant dans l'obligation de fournir tout ce qui est nécessaire aux besoins du culte.

Luminaire.

Le luminaire comprend la cire et l'huile pour la lampe du Saint-Sacrement. Le luminaire doit faire l'objet d'un marché entre le bureau et un fournisseur.

Pain et vin.

Le pain et le vin pour le saint-sacrifice et pour la communion des fidèles est en général fourni par le Curé, ou toute autre personne, en vertu d'un marché arrêté par le bureau.

Encens, sels, charbon, etc.

Ces fournitures, en raison de leur peu d'importance, sont fournies sur commandes du trésorier.

Les objets nécessaires à l'exercice du culte, comme ornements, pain, vin, etc., sont dus tous les jours, et non pas seulement les jours de fêtes légales reconnues par l'Etat; ils sont dus également aux messes basses, vêpres ou salut. C'est là l'opinion de M. Carré et de M. Affre.

§ 2. — *Vicaires.*

Ce n'est pas à la fabrique non plus qu'à la

commune qu'il appartient de décider de l'utilité ou de l'inutilité d'un vicaire. L'article 38 du décret de 1809 porte : « Le nombre de prêtres et de vicaires habitués à chaque église sera fixé par l'Evêque, après que les marguilliers en auront délibéré et que le Conseil municipal aura donné son avis. » Ainsi, les marguilliers et les conseillers municipaux ne donnent qu'un avis, c'est l'Evêque qui nomme et établit. Mais c'est la fabrique qui paye, et, à défaut de la fabrique, c'est la commune. (Décret du 30 décembre 1809, art. 38 et 39.)

Par l'article 40, le traitement est fixé pour les vicaires à 500 francs au plus et à 300 francs au moins.

Les vicaires n'ont aucun droit au casuel, qui appartient au Curé. Aucune loi ou ordonnance ne leur accorde non plus soit le logement, soit l'indemnité de logement. (Circ. min. du 14 avril 1812.) Une autre circulaire ministérielle du 7 juillet 1812 dit que, dans la fixation du traitement, on doit avoir égard à la dépense du logement.

Il est cependant des diocèses où les Vicaires

8.

perçoivent un certain casuel fixé d'après certains règlements épiscopaux.

Lorsque le traitement annuel d'un Vicaire n'excède pas 300 francs, la quittance jointe au mandat de payement n'est pas soumise au timbre.

§ 3. — *Employés et serviteurs de l'église.*

Dans les paroisses rurales, la nomination et la révocation des serviteurs de l'église appartient aux Curé, Desservant ou Vicaires chapelains. Dans les villes, elles appartiennent aux marguilliers, sur la proposition du Curé. (Décret du 30 décembre 1809, art. 33 ; Ord. du 12 janvier 1825, art. 7.)

Le traitement des employés de l'église est, dans tous les cas, réglé par le Conseil de fabrique, sauf approbation de l'Evêque. (Ord. du 12 janvier 1825, art. 7.) Il est payable par douzième à la fin de chaque mois.

Il n'est pas nécessaire de délivrer des mandats individuels ; il suffit d'une seule ordonnance présentant la masse des traitements à payer et délivrée au nom de l'un des principaux employés. Mais cette ordonnance doit être appuyée d'un état émargé de toutes les parties prenantes, visé et arrêté par l'ordonnateur. Elle doit être quittancée par l'employé principal chargé du payement individuel. L'état d'émargement est seul soumis au timbre.

§ 4. — *Honoraires des prédicateurs.*

Les honoraires des prédicateurs ne forment pas un traitement, et s'ils s'élèvent au-dessus de 100 francs dans les paroisses de mille âmes, ils doivent être votés, non par le bureau, mais par le Conseil. (Décret du 30 décembre 1809, art. 12.)

Le payement des honoraires des prédicateurs est fait par le trésorier sur la production d'un mandat de l'ordonnateur et d'une quittance timbrée, délivrée par la partie prenante.

§ 5. — *Décoration et embellissement de l'église.*

Le décret de 1809 ne détermine nullement en quoi consiste la décoration et l'embellissement intérieur de l'église. Il faut, dit M. Affre, que les marguilliers aient égard à trois choses : 1° à l'usage des lieux ; 2° aux facultés de la fabrique ou des habitants ; 3° à la nécessité de ces sortes de réparations.

§ 6. — *Entretien et réparations.*

Les frais d'entretien de l'église, du presbytère et du cimetière sont à la charge de la fabrique, sauf, en cas d'insuffisance de ses revenus, son recours à la commune, afin d'obtenir le supplément nécessaire. (Décret du 30 décembre 1809, art. 37.)

Mais les grosses réparations sont à la charge de la commune. Seulement, si les revenus de la fabrique présentent un excédant après l'acquit des dépenses ordinaires et du traitement des Vicaires, cet excédant doit être affecté aux grosses réparations. (*Idem*, art. 46 et 92.)

Les marguilliers et spécialement le trésorier sont tenus de veiller à ce que toutes les réparations soient bien et promptement faites. Ils pourvoient sur-le-champ et par économie, c'est-à dire sans marché ni adjudication, aux réparations locatives ou autres qui n'excèdent pas 50 francs dans les paroisses au-dessous de mille âmes, et de 100 francs dans les paroisses d'une plus grande population. (Décret du 30 décembre 1809, art. 12 et 41.)

Lorsque les réparations excèdent l'une de ces sommes, le bureau en fait son rapport au conseil qui peut ordonner toutes les réparations qui ne s'élèvent pas à plus de 100 francs dans les paroisses au-dessus de mille âmes et de 200 fr. dans celles d'une plus grande population. (*Idem*, art. 42.)

Lorsque les réparations dépassent les proportions que nous venons d'indiquer, le bureau des marguilliers doit faire dresser son devis et procéder à l'adjudication des travaux. (*Idem.*)

Dans ce cas l'autorisation du Préfet est nécessaire et le devis est soumis à son approbation.

L'adjudication a lieu au rabais ou par soumission, après trois affiches renouvelées de huitaine en huitaine. (*Idem*, art. 42). Elle est passée devant les membres du bureau. (*Idem.*)

L'adjudication, quelle que soit son importance, doit être soumise à l'approbation du Préfet, et elle n'est valable et définitive qu'à dater de cette approbation. Elle est aussi soumise à la formalité de l'enregistrement dans les vingt jours qui suivent l'approbation.

Lorsque la fabrique n'a pas de fonds suffisants pour les réparations, le bureau en fait son rapport au conseil, qui prend une délibération. (Décret du 30 décembre 1806, art. 42). Nous avons établi, au paragraphe XV du chapitre précédent, les formalités à suivre dans ce cas.

Chaque mandat délivré pour le payement des réparations de simple entretien doit être appuyé des pièces justificatives désignées ci-après. Pour les menues réparations, lorsqu'il n'y a ni devis, ni marché : mémoire des réparations signé par l'ouvrier qui les a faites, arrêté et visé par le président du bureau ; quittance de la partie prenante.

Pour les réparations par économie : devis estimatif ; mémoire des réparations dressé par l'ouvrier, réglé par le marguillier surveillant ; quittance de la partie prenante.

Pour les réparations par soumission d'entrepreneur : devis estimatif; soumission acceptée par le bureau ; procès-verbal de réception des travaux dressé par l'architecte, auteur du devis, et visé par le chef du bureau ; quittance timbrée.

Pour les réparations en vertu d'une adjudication publique : devis et décision approbative des travaux ; procès-verbal d'adjudication ; états d'avancements des travaux et des à-compte à payer, certifiés par l'architecte et visés par le président du bureau ; procès-verbal de réception des travaux ; quittance timbrée.

CHAPITRE VI

RÉGIE DES BIENS DES FABRIQUES.

§ 1er. — *Baux des maisons et des biens ruraux.*

L'article 62 du décret du 30 décembre 1809 défend de louer les biens immeubles des fabriques sans une autorisation du Conseil, l'avis de l'Évêque et l'autorisation du Gouvernement, pour un temps plus long que neuf ans ; la loi du 25 mai 1835 a porté ce terme à dix-huit ans pour les biens ruraux.

Voici les formalités à remplir pour ces baux: 1° le bureau des marguilliers dresse un cahier des charges exprimant les clauses et conditions du bail ; 2° ce cahier des charges est envoyé par le trésorier au Sous-Préfet ; celui-ci, après avoir donné son avis, l'adresse au Préfet qui, après avoir consulté l'Évêque, l'adopte ou la modifie s'il le croit nécessaire; 3° un mois avant l'adjudication, le trésorier fait apposer des affiches, tous les dimanches, à la porte de l'église, de la situation des immeubles, et à celles des églises les plus voisines, et de quinzaine en quinzaine aux lieux accoutumés. Ces affiches sont sur papier de couleur et timbrées à 5 ou 10 centimes. Enfin, un extrait de l'affiche est inséré dans les journaux désignés dans chaque arrondissement pour les annonces judiciaires. Puis, ces formalités préalables remplies, l'adjudication a lieu, un jour de marché, devant un notaire désigné par le Préfet, et en présence du trésorier et d'un membre du bureau, à la chaleur des enchères. (M. Affre, *Traité des paroisses*). M. Roy, dans son *fabricien comptable*, prétend que le défaut de présence d'un marguillier entraînerait la nullité de l'opération. L'adjudication n'est définitive qu'après l'approbation du Préfet. (L. du 15 mai 1818, art. 18; ord. du 7 octobre 1818). Le bail doit être enregistré dans les vingt jours de cette approbation aux frais de l'adjudicataire. (L. du 15 mai 1818, art. 78).

Les baux des biens des fabriques jouissent de tous les avantages attachés à leur qualité d'actes authentiques; mais ils n'emportent plus hypothèque de plein droit, depuis la publication du Code Napoléon. Il est ordonné seulement aux fabriques de prendre une hypothèque sur tous les biens du preneur. (Décret du 12 août 1807, art. 1er.) MM. Dalloz et Carré prétendent que, sans cette précaution, le bail serait susceptible d'annulation.

D'après le décret de 1809 et l'ordonnance du 7 octobre 1818, aucun membre du bureau ne peut être adjudicataire.

Les baux de plus de dix-huit ans, pour les biens ruraux, et de plus de neuf ans pour les autres, exigent en outre : 1° une délibération du conseil de fabrique ; 2° une enquête de *commodo* et *incommodo*, ordonnée par le Sous-Préfet et faite par le juge de paix on son suppléant assisté du trésorier. Cette enquête est précédée par des affiches apposées huit jours auparavant, et invitant à donner des renseignements à l'effet de dresser le projet du bail ; 3° l'avis du conseil municipal ; 4° l'avis du sous-Préfet ; 5° l'avis du Préfet ; 6° l'avis du chef de l'Etat. (Arrêté du 2 germ. an IX, art. 2.) L'avis de l'Evêque est aussi nécessaire.

§ 2. — Des ventes.

Il n'y a pas de formalités exigées pour la vente des meubles, pas même d'autorisation à demander au Gouvernement pour les faire ; tout ce que nous allons dire ici regarde la vente des immeubles.

Une loi du 2 janvier 1817 défend aux fabriques de vendre leurs biens, si elles n'y sont avant autorisées en vertu d'un décret. Elles ne peuvent faire la demande de cette autorisation, à moins que l'urgence ou une notable utilité ne les y force. A ces causes il faut ajouter l'expropriation pour utilité publique, réglée par la loi du 3 mai 1841. Les fabriques étant considérées comme des mineurs, s'il n'y avait pas nécessité ou utilité, il y aurait lieu à résiliation. C'est ainsi qu'on le décidait autrefois.

La vente doit, en général, avoir lieu aux enchères (Circ. 29 janvier 1831), cependant une vente à l'amiable peut être autorisée : 1° lorsque l'objet est d'une valeur très-minime ; 2° dans le cas où il y a un avantage tellement évident pour la fabrique que la formalité des enchères devient tout à fait inutile ; 3° lorsqu'il s'agit d'une vente faite par la fabrique à un autre établissement public. (Avis du cons. de l'intérieur, du Cons. d'Etat, du 27 février 1833 et 18 déc. 1835.)

Lorsqu'on vend un immeuble appartenant à une fabrique, les pièces à produire pour obtenir l'autorisation du Gouvernement sont : 1° une délibération du conseil présentant les motifs de la vente projetée, et indiquant la nature, la contenance et le produit des immeubles ; 2° l'estimation de l'immeuble à vendre faite par un seul expert au choix de la fabrique, lorsque la vente a lieu aux enchères, et par deux experts, l'un nommé par la fabrique, et l'autre par le soumissionnaire, lorsque la vente a lieu à l'amiable sur soumission. Le procès-verbal d'estimation doit être sur papier timbré ; il doit être enregistré dans les vingt jours après l'approbation de l'acte de vente ; 3° un plan figuré et détaillé des lieux est joint au procès-verbal de description et d'évaluation. Le capital fixé par les experts forme la mise à prix, si la vente a lieu par adjudication publique; si elle est faite à l'amiable, l'acquéreur doit écrire, au pied du procès-verbal d'expertise, sa soumission de prendre l'immeuble au prix de l'estimation, si ce n'est à un prix supérieur.

La délibération du Conseil, le procès-verbal d'estimation, le plan figuré des lieux, et, s'il y a lieu, la soumission, sont envoyés au Sous-Préfet, accompagnés du budget de la fabrique. Cet administrateur, sur le vu de pièces, peut ordonner une enquête administrative de *commodo* et *incommodo*, et nommer le commissaire enquêteur.

D'après les résultats de l'enquête, le Sous-Préfet peut autoriser une nouvelle convocation du Conseil de fabrique, afin d'obtenir son avis définitif sur la vente.

Toutes les pièces sont envoyées au Préfet, avec l'avis du Sous-Préfet. Le Préfet les communique à l'Evêque, et les transmet ensuite au Ministre des cultes, chargé de soumettre la demande à la sanction impériale.

L'autorisation obtenue, le bureau doit dresser un cahier des charges, clauses et conditions de la vente, dans lequel il stipule que le payement sera fait entre les mains du trésorier, avant la prise de possession de l'immeuble. Si un délai est accordé pour le payement, le terme doit en être fixé avec stipulation d'intérêts et avec réserve de poursuivre le débiteur, en paiement du capital, par saisie de biens, réadjudication sur folle enchère, ou rescision d'adjudication.

L'adjudication se fait dans les formes prescrites pour toutes les adjudications aux enchères, après avoir été annoncée un mois à l'avance, par affiches et publications.

Si la vente par amiable-composition est autorisée, le bureau passe avec l'acquéreur un contrat qui doit renfermer relativement au payement les réserves qui viennent d'être indiquées pour les ventes aux enchères.

Quand la vente présente de l'importance, il est bon d'appeler un notaire à l'adjudication, ou au contrat à l'amiable. Cependant, il n'y a point d'obligation pour la fabrique de recourir à cette intervention : l'acte peut être passé dans la forme des contrats sous seings privés ordinaires.

§ 3. — *Acquisition.*

Si les fabriques ne peuvent vendre leurs biens sans autorisation du Gouvernement, elles ne peuvent non plus acquérir sans cette autorisation.

Cependant une fabrique n'a pas besoin d'autorisation pour se rendre adjudicataire d'un bien dont elle poursuit l'expropriation elle-même, une pareille acquisition n'est que la conséquence naturelle du droit d'expropriation et ne peut nullement s'assimiler à une acquisition volontaire. C'est ainsi qu'un décret du 12 septembre 1811 l'a décidé en faveur de l'université. Ses motifs prouvent qu'il s'applique à tous les établissements publics.

Puisqu'il n'y a pas de loi qui trace les formes à suivre par les fabriques pour obtenir l'autorisation d'acquérir, on doit par analogie se conformer aux dispositions qui régissent les acquisitions faites par les communes, en y joignant toujours l'avis de l'Evêque, comme dans chacun des actes qui requèrent une autorisation pour la fabrique et une délibération du conseil municipal. Voici ces dispositions :

1° Procès-verbal d'estimation de l'immeuble ou des immeubles à acquérir, fait contradictoirement par deux experts nommés, l'un par le bureau, l'autre par le vendeur ;

2° Un plan figuré et détaillé des lieux, au bas duquel le vendeur écrit son consentement ;

3° Procès-verbal d'information de *commodo* et *incommodo*, par un commissaire nommé par le Sous-Préfet. S'il s'agit de l'achat d'un terrain pour un presbytère ou une église, l'enquête est faite par deux commissaires, l'un nommé par l'Evêque, l'autre par le Préfet.

Ces pièces sont donc communiquées au Conseil de fabrique qui prend une délibération pour demander d'acquérir l'immeuble. Cette délibération donne les motifs et les avantages qu'il y a pour la fabrique de faire cette acquisition.

9.

En même temps, le Conseil municipal est appelé à émettre son avis, et sa délibération est jointe à celle de la fabrique.

Sont donc envoyées au sous-Préfet ces deux délibérations, accompagnées du procès-verbal d'estimation, du plan figuré des lieux, de la soumission du vendeur, du procès-verbal d'enquête et d'une expédition du budget de la fabrique. Le Sous-Préfet, après avoir donné son avis, transmet au Préfet toutes les pièces, qui sont communiquées à l'Evêque, pour avoir son avis, et transmises ensuite au ministre des cultes. Le rapport de ce ministre devient la base du décret impérial portant homologation.

Dès que la fabrique a reçu l'autorisation d'acquérir, le trésorier souscrit avec le vendeur, devant notaire, le contrat d'acquisition.

Les acquisitions faites par la fabrique étant soumises aux règles du droit commun, les formalités prescrites pour la transcription et pour la purge des priviléges et hypothèques leur sont applicables.

Voici les pièces justificatives à joindre aux mandats délivrés par le président du bureau :

Lorsque le payement est fait au vendeur :
ampliation du décret autorisant l'acquisition;
copie certifiée du contrat sur papier timbré;
certificat du conservateur constatant la transcription au bureau des hypothèques, ainsi que
la non-existence d'inscriptions ou la radiation
de celles qui existaient à l'expiration du délai
de quinze jours après la transcription, et pour
justifier de la purge des hypothèques, s'il y a
lieu : certificat du greffier du tribunal civil, constatant le dépôt et l'affiche du contrat au greffe
pendant deux mois; copie de la signification de
ce dépôt au procureur impérial et aux parties
désignées dans l'art. 2194 du Code Napoléon ;
journal dans lequel a été publiée la signification
faite au procureur impérial ; certificat du conservateur constatant que, dans le délai de deux
mois, il n'a été pris aucune inscription sur les
immeubles vendus.

Lorsque le payement ne peut être fait au vendeur, à cause des inscriptions hypothécaires
existantes : ampliation du décret impérial
autorisant l'acquisition ; copie certifiée du
contrat; récépissé du préposé de la caisse des

25

dépôts et consignations qui a reçu les fonds.

Quant à l'achat des objets mobiliers, il se fait d'une manière plus simple que celui des immeubles. Lorsque la dépense a été nominativement portée au objet, il suffit que l'autorité compétente l'ait autorisée.

§ 4. — *Échanges.*

L'échange devient une acquisition si la fabrique donne une soulte, et une vente, si la fabrique la reçoit. Les échanges opérés par la fabrique se font dans les mêmes formes que les acquisitions de ventes, lors même qu'il n'y aurait de soulte à donner ou à recevoir. Pour obtenir l'autorisation, l'envoi du budget n'est pas nécessaire quand l'échange est pur et simple, et sans soulte.

§ 5. — *Transactions.*

Les fabriques ne peuvent transiger qu'après en avoir obtenu l'autorisation expresse du Préfet. (Code Napoléon, art. 2045 ; D. du 25 mars 1852.) Cette autorisation s'obtient en suivant les règles tracées pour les hospices et les communes par les arrêtés du Gouvernement des 7 messidor an IX, et 21 frim. an XII.

Le Conseil de fabrique, sur la consultation de trois jurisconsultes désignés par le Préfet, prend une délibération faisant connaître le projet de transaction. Le Préfet, sur le vu de cette délibération et d'après l'avis du Conseil de préfecture, accorde, s'il y a lieu, l'autorisation de transiger. Avant de donner son autorisation, le Préfet s'assure que les conditions stipulées dans le projet de transaction ne sont pas défavorables pour la fabrique.

La consultation préalable de trois jurisconsultes désignés par le Préfet est tellement nécessaire qu'il a été décidé que la transaction faite par une commune sur une question de propriété est nulle, lorsqu'elle n'a pas été précédée de cet avis. (Cons. d'État, 18 janvier 1813.) Ce qui est dit là pour les communes, s'applique par analogie aux fabriques. L'acte de transaction doit être passé devant notaire ; il ne devient exécutoire qu'après homologation du Préfet.

§ 6. — Arbitrages.

M. Dalloz prétend que l'arbitrage est défendu aux fabriques. Il fait résulter cette défense des art. 83, 1000 et 1004 du Code de procédure civile.

§ 7. — *Placements des capitaux disponibles en rentes sur l'État ou en rentes sur particuliers.*

Les fabriques sont obligées d'employer en rentes sur l'État les deniers provenant de donations ou legs dont l'emploi ne serait pas déterminé par la fondation, les remboursements de rentes, les prix de ventes ou soultes d'échange, ainsi que les revenus excédant l'acquit des charges ordinaires. L'acquisition de ces rentes doit être autorisée par un décret.

Pour obtenir l'autorisation de placer des fonds en rentes sur l'État, le Conseil de fabrique prend une délibération par laquelle il fait connaître l'origine des fonds et en demande l'emploi en rentes sur l'État.

Cette délibération, avec l'avis de l'Evêque, est transmise par le Préfet au ministre des cultes, qui la soumet à l'approbation de l'Empereur, conformément à l'ordonnance du 14 janvier 1831.

A la réception du décret d'autorisation, le Préfet en adresse une copie à la fabrique. Le trésorier remet cette copie, avec les fonds, au receveur général, qui fait opérer l'inscription de la rente.

Les versement des fonds faits par le trésorier des fabriques pour achat de rentes sur l'État, constituant une véritable dépense, on doit suivre les mêmes règles que pour les autres de la fabrique. A cet effet, le président du bureau mandate le versement au nom du receveur général du département, et joint au mandat la délibération du conseil de fabrique et une ampliation du décret impérial par lequel le placement a été autorisé. En faisant le versement, le receveur des finances atteste au pied du mandat que le versement a été effectué. Six semaines après le dépôt des fonds, le trésorier se présente à la recette pour retirer l'inscription de rente.

Si les fabriques voulaient placer leurs fonds libres en rentes sur particuliers, elles ne peuvent le faire qu'après y avoir été autorisées par un décret impérial.

L'acte constitutif de la rente doit être passé devant notaire, et l'inscription hypothécaire sur tous les biens du débiteur doit être prise sans retard, à la diligence du trésorier.

Le président du bureau délivre un mandat pour le versement des fonds, et la partie prenante doit, en outre des clauses du contrat relatives à la remise des fonds, délivrer au trésorier une quittance motivée, sur papier timbré, laquelle est jointe au mandat comme pièce justificative.

§ 8. — *Actes conservatoires.*

On appelle actes conservatoires, toute précaution prise extra-judiciairement, c'est-à-dire sans former précisément une action devant les tribunaux, afin de conserver un droit. M. Affre cite comme des actes conservatoires les suivants :

1° Une sommation de payement ;

2° Une surenchère ;

3° Une apposition de scellés ;

4° La passation d'un titre nouvel ;

5° Toute espèce de saisie mobilière ;

6° Généralement tout acte extra-judiciaire qui a pour objet de conserver un droit.

On peut ajouter à cette nomenclature les saisies-arrêts, les inscriptions hypothécaires, la demande de compulsoire.

C'est comme actes conservatoires qu'une circulaire ministérielle du 24 décembre 1813, a recommandé aux trésoriers, et même aux fabriciens, de veiller, sous leur responsabilité personnelle, à faire interrompre toutes les prescriptions prêtes à s'accomplir.

Ni le trésorier, ni les marguilliers n'ont besoin, pour faire des actes conservatoires, d'une autorisation. (Décret du 30 décembre 1809, art. 76).

Au nombre des actes conservatoires les plus importants, se placent les inscriptions hypothécaires et les titres nouvels ou actes recognitifs de rentes. Les inscriptions prises au nom des fabriques sont exemptes des droits d'hypothèques et des salaires des préposés.

CHAPITRE VII

DE LA COMPTABILITÉ DES FABRIQUES.

§ 1er. — *Du budget.*

Le *budget* est le tableau officiel des recettes et des dépenses autorisées pour chaque exercice.

L'*exercice* est la période de temps fixée pour l'exécution du budget.

L'exercice commence le 1er janvier et finit le 31 décembre. (Circ. min. du 22 avril 1811).

Cependant, le trésorier n'étant tenu de présenter son compte de l'exercice au bureau des marguilliers que dans le courant du mois de mars, la clôture de l'exercice peut être différée, sans inconvénient, au dernier jour de février de l'année suivante.

A dater du 1ᵉʳ mars, l'exercice de l'année précédente est clos définitivement, les crédits demeurés sans emploi sont annulés, et les rentes à recouvrer et à payer sont réparties de droit, et sous un titre spécial, au budget de l'exercice pendant lequel la clôture a lieu. Il en est de même de l'excédant final que présenterait le compte de l'exercice clos.

Il est facile de comprendre l'utilité du budget pour les fabriques. C'est un moyen de ne pas se laisser aller à des dépenses hors de proportion avec les ressources, et d'éviter de se trouver peut-être, au dernier moment, sans moyen de pourvoir aux frais les plus nécessaires, non-seulement à la dignité du culte, mais à son exercice même.

Une autre raison demande la confection du budget, c'est que tous les payements opérés, sans y avoir été portés dans les formes légales, peuvent être attaqués comme illégaux, et laissés à la charge personnelle des fabriques qui ont eu l'imprudence de les effectuer.

Le budget de la fabrique comprend d'abord un état par aperçu, présenté chaque année au bureau de la fabrique par le Curé ou Desservant, des dépenses nécessaires à l'exercice du culte, soit pour les objets de consommation, soit pour réparation et entretien d'ornements, meubles et ustensiles de l'église. Cet état, approuvé par le bureau, article par article, est ensuite porté en bloc sous la désignation de dépenses intérieures dans le projet du budget général : le détail de ces dépenses est annexé au projet. (Décret du 30 décembre 1809, art. 45).

Dans la séance du dimanche de *Quasimodo* de chaque année, le budget est soumis au **Conseil** de fabrique, puis, avec l'état de dépenses de la célébration du culte, il est envoyé à l'Évêque pour être approuvé. Lorsque les revenus de la fabrique couvrent la dépense, l'approbation de l'Évêque suffit, et le budget, sans autres formalités, peut recevoir sa pleine et entière exécution. (*Idem*, art. 48).

Lorsque les revenus de la fabrique sont insuffisants pour couvrir ses dépenses, le budget contient en outre l'aperçu des fonds qui doivent être demandés à la commune, et le budget est communiqué à la commune qui donne son avis. (Décret du 30 décembre 1809, art. 49 ; L. du 18 juillet 1837, art. 21, § 7).

C'est en double minute que le budget est rédigé. Après son approbation, il en est fait le nombre d'expéditions nécessaire. Les expéditions sont certifiées par le président et le secrétaire du Conseil : l'une est envoyée au Conseil municipal, lorsqu'il fournit un supplément; la seconde est remise au président du bureau, chargé d'ordonnancer les dépenses ; la troisième est remise au trésorier, qui est chargé de les effectuer.

Immédiatement après qu'il a été délibéré par le conseil, le budget est envoyé à l'évêque en double expédition. L'une est déposée dans les archives de l'évêché, l'autre est renvoyée à la fabrique avec l'approbation de l'Évêque.

L'ordonnance de l'Évêque qui règle le budget peut rejeter, réduire ou augmenter les dépenses proposées par la fabrique.

Tant que le budget n'est pas approuvé par l'Évêque, il ne peut être régulièrement exécuté.

§ 2. — Recette.

La recette des fabriques se compose de tous les produits, payements et remboursements, à quelque titre que ce soit. Elle est confiée au trésorier. (Décret du 30 décembre 1809, art. 25). Elle figure tous les ans dans le budget de la fabrique. (*Idem*, art. 46).

Les recettes des fabriques sont, au fur et à mesure de la rentrée, inscrites, avec la date du jour et du mois, sur un registre coté et paraphé qui demeure entre les mains du trésorier. (*Idem*, art. 74). Ce registre est sur papier non timbré. (*Idem*, art. 81). La recette en deniers est déposée dans la caisse ou armoire à trois clefs.

Pour le recouvrement de leurs revenus, les fabriques sont soumises aux règles ordinaires de la procédure.

Quittances du trésorier.

Toutes les fois que le trésorier recouvre quelque somme, il en donne quittance, qui est faite sur papier libre et sans frais, tant que cette somme n'excède pas 10 francs, et qu'elle n'a pas pour objet un à-compte ou un payement final sur une plus forte dette. En ce cas, la quittance doit être sur papier timbré (*Idem*).

Le prix du timbre de la quittance est à la charge de la partie versante ; si elle se refuse à le payer, il n'est délivré ni reçu ni quittance.

Des poursuites à exercer contre des débiteurs en retard.

Le trésorier doit exercer, en se conformant aux règles ordinaires de la procédure, les poursuites nécessaires contre les débiteurs en retard. Ces poursuites ont trois degrés que le trésorier porteur de titres exécutoires peut employer : le commandement par ministère d'huissier, la saisie-exécution des meubles et la vente.

Lorsqu'il y a lieu de procéder à des poursuites judiciaires autres que celles dont il vient d'être parlé, ces poursuites sont également exercées par le trésorier, mais avec l'autorisation du Conseil de préfecture.

§ 3. — *Des dépenses.*

Les dépenses de l'église sont faites par le trésorier. En conséquence, il n'est fourni par aucun marchand ni artisan sans un mandat du trésorier, au pied duquel le sacristain ou toute autre personne apte à recevoir la livraison, certifie que le contenu audit mandat a été rempli. (D. du 30 décembre 1809, art. 28).

Les dépenses des fabriques ne sont acquittées que sur les crédits ouverts à chacune d'elles.

!Des crédits.

On appelle *crédit* l'autorisation donnée par l'autorité compétente d'employer une certaine somme à une dépense déterminée.

Les crédits en vertu desquels les dépenses doivent être acquittées sont ouverts dans les budgets dont ils forment les articles de dépense.

Chaque crédit doit servir exclusivement à la dépense pour laquelle il a été ouvert. Personne dans le bureau, ni le Conseil de fabrique lui-même, ne peut employer à une autre destination

10

le crédit affecté à telle dépense ; pour cela, l'autorisation de l'Évêque est nécessaire.

Ordonnancement des dépenses.

Aucune dépense ne peut être acquittée par le trésorier de la fabrique, si elle n'a préalablement été ordonnancée par le président du bureau, qui est seul chargé des fonctions d'ordonnateur. (D. du 30 décembre 1809, art. 28.)

Les mandats doivent être délivrés au nom des créanciers directs de la fabrique. Ils doivent contenir l'indication de l'exercice auquel la dépense appartient et la désignation du crédit sur lequel le payement est imputé.

Le payement des dépenses relatives aux acquisitions d'objets mobiliers se mandate sur le vu : 1° de la commande du trésorier ou du marché arrêté par le bureau, si la dépense a fait l'objet d'un marché ; 2° de la facture ou mémoire du marchand ou artisan, revêtu du certificat de réception des objets fournis. (*Idem,* art. 35).

Acquittement des dépenses.

Voici les cas où le trésorier peut refuser le payement des mandats qu'on lui présente : 1° si les pièces produites sont insuffisantes ou irrégulières ; 2° si la somme ordonnancée ne porte pas sur un crédit ouvert, ou si elle excède ce crédit ; 3° s'il y a opposition signifiée contre le payement réclamé ; 4° s'il y a insuffisance de fonds dans la caisse, auquel cas il n'y a qu'un ajournement.

En payant, le trésorier reçoit le mandat de payement ; ce mandat doit être quittancé ou accompagné d'une quittance régulière. Il le conserve pour le produire à l'appui de son compte avec les autres pièces justificatives.

Les quittances des parties prenantes, pour les payements effectués par les trésoriers, doivent être timbrées, sauf toutefois les exceptions qui vont être spécifiées.

Les quittances des sommes de 10 francs et au-dessous sont affranchies du timbre, lorsqu'elles n'ont pas pour objet un à-compte ou un payement final sur une plus forte somme. (**L.** du 13 brum. an VII, art. 16).

Les quittances des vicaires et des employés de l'église, délivrées pour le payement de leur traitement, lorsqu'il n'excède pas 300 francs par année, sont également exemptes du timbre. (Décis. du 17 oct. 1809).

Lorsque les quittances, au lieu d'être délivrées sur des feuilles spéciales, sont données au pied des mandats de payement, ces mandats doivent être timbrés, s'il s'agit d'une dépense au-dessus de 10 francs.

Les mandats pour le payement du prix des fournitures ou des travaux doivent être appuyés de la facture ou du mémoire des fournisseurs ou de l'ouvrier, et cette facture doit être sur papier timbré. Toutefois, lorsqu'il s'agit d'une dépense qui n'excède pas 10 francs, les créanciers peuvent être dispensés de produire une facture timbrée, mais alors le détail des fournitures ou des travaux doit être énoncé dans le corps des mandats ; à défaut de cette énonciation, la facture doit être timbrée.

Lorsque à l'appui des mandats de payement,

on produit des mémoires ou factures sur papier
timbré et revêtus de la quittance des mar-
chands ou fournisseurs, cette quittance libère
la fabrique ; et la seconde quittance portée sur
le mandat, n'étant plus que de pure forme, se
trouve exempte du timbre. (Décis. du 21 mars
1828).

Dans le cas où le porteur d'un mandat ne
saurait point signer, et lorsque le mandat n'excède pas150 francs, le trésorier peut en effectuer le payement en présence de deux témoins,
qui certifient avec lui sur le mandat la décla-
ration faite par la partie prenante. Si le mandat
excède 150 francs, la quittance doit être donnée devant notaire.(Code civil, art. 1341).

§ 4. — *Comptes du trésorier*

Tous les trois mois, le trésorier est tenu de
présenter au bureau des marguilliers un bordereau signé de lui, et certifié véritable, de la
situation active et passive de la fabrique ; ces bordereaux sont signés de ceux

10.

qui ont assisté à l'assemblée, et déposés dans la caisse ou armoire de la fabrique, pour être représentés lors de la reddition du compte annuel. (D. du 30 décembre 1809, art. 34).

Le compte annuel du trésorier comprend les recettes et les dépenses de l'exercice pour lequel il est rendu, dans des chapitres et articles correspondants aux chapitres et articles du budget et aux comptes particuliers sur le livre de détail. Il doit être dressé en double copie dont l'une est déposée dans l'armoire à trois clefs, l'autre à la mairie. (*Idem*, art. 89).

Le compte doit être affirmé sincère et véritable tant en recette qu'en dépense, être daté et signé par le comptable. Il doit, en outre, être paraphé sur chaque feuillet et ne point offrir d'interlignes. Les renvois et ratures doivent être approuvés par le comptable.

Après la présentation du compte, il ne peut plus y être fait de changement. Cette présentation a lieu dans la séance du premier dimanche du mois de mars. Le trésorier peut réclamer de l'un des membres du bureau un récépissé constatant le dépôt du compte et des pièces justificatives. (D. du 30 décembre 1809, art. 85).

Dans la même séance, le bureau procède à l'examen du compte et prépare le rapport qu'il doit en faire au conseil dans la séance du dimanche de *Quasimodo*.

Les marguilliers présentent le compte, appuyé des pièces justificatives, au Conseil de fabrique, dans la séance du dimanche de *Quasimodo*, et le compte est examiné, clos et arrêté dans cette séance, qui est, pour cet effet, prorogée au dimanche suivant, si besoin est. (*Idem*, art. 85 ; ord. 12 janvier 1825, art. 2).

S'il arrive quelques débats sur un ou plusieurs articles de recette ou de dépense, le compte n'en est pas moins clos, sous la réserve des articles contestés. Dans ce cas, il en est référé à l'Évêque. (Décret du 30 décembre 1809, art. 86).

Pour servir de décharge au trésorier, une expédition du compte, signée par le président du Conseil, lui est remise.

Si la fabrique reçoit un secours de la commune, le compte doit être communiqué au conseil municipal. (Décret du 30 décembre 1809, art. 89 ; L. du 18 juillet 1837, art. 20, paragraphe 7).

Faute par le trésorier de présenter son compte à l'époque fixée et d'en payer le reliquat, celui qui lui succède est tenu de faire, dans le mois au plus tard, les diligences nécessaires pour l'y contraindre, et à son défaut, le procureur impérial, soit d'office, soit sur l'avis qui lui en est donné par l'un des membres du bureau ou du conseil, soit sur l'ordonnance rendue par l'Évêque en cours de visite, est tenu de poursuivre le comptable devant le tribunal de première instance, et le faire condamner à payer le reliquat, à faire régler les articles débattus, ou à rendre son compte, s'il ne l'a été, le tout dans un délai fixé ; sinon, et ledit temps passé, à payer provisoirement, au profit de la fabrique, la somme égale à la moitié de la recette ordinaire de l'année précédente, sauf les poursuites ultérieures. (D. du 30 décembre 1809, art. 90).

Les fabriques forment des établissements

publics qui sont sous la tutelle du Gouvernement ; aussi ne peuvent-elles plaider, soit en
demandant, soit en défendant, qu'avec une autorisation spéciale du Conseil de préfecture.
(D. du 30 décembre 1809, art. 77). La demande de cette autorisation est faite par une
délibération du Conseil et du bureau réunis.
(*Idem*).

Les procès sont soutenus au nom de la fabrique et les diligences faites à la requête du trésorier, qui donne connaissance de ces procé-
dures au bureau. (*Idem*, art. 79).

Les créanciers des fabriques qui veulent se
pourvoir devant les tribunaux doivent préalablement obtenir une permission par écrit du
Préfet : c'est ce qui résulte de l'assimilation des
fabriques aux communes. (L. du 18 juill. 1837,
art. 51 et 52). Mais celui qui est lui-même
poursuivi par une fabrique n'est pas obligé,
pour défendre cette action, de se faire autoriser.
(D. du 31 mai 1808).

Toutes contestations relatives à la propriété
des biens et toutes poursuites à fin de recouvrement des revenus, seront portées devant les

juges ordinaires. (Décret du 30 décembre 1809, art. 80).

Toutes contestations sur la distribution, l'emplacement des bancs et chaises, en ce qui concerne la police de l'église, sont jugées administrativement. (D. du 17 mai 1809).

MODÈLES DES PRINCIPAUX ACTES QUE PEUT FAIRE

TOUTE FABRIQUE.

N° 1. *Procès-verbal d'une séance de quasimodo.*

L'an de grâce mil huit cent...le...le Conseil de fabrique, dûment convoqué, s'est réuni à l'issue de la messe paroissiale (*ou* des vêpres), dans la sacristie (*ou* au presbytère), lieu ordinaire de ses séances, sous la présidence de M...

Etaient présents MM... formant la majorité du Conseil.

Le Conseil, ainsi constitué, s'est d'abord occupé du règlement du compte de l'exercice 186.., présenté par M..., marguillier-trésorier.

S'étant fait représenter, 1° le budget de 186.., et les autorisations supplémentaires qui s'y rattachent ; 2° l'état des revenus fixes de la fabrique, celui du produit des quêtes et des troncs, celui du produit des bancs et chaises, et celui des recouvrements qui restent à faire sur l'exercice 186.. ; 3° le journal du trésorier et son livre des comptes ; 4° les bordereaux de recouvrements et payements au commencement de chaque trimestre ; 5° les pièces justificatives des dépenses.

Le Conseil a procédé à l'appurement dudit compte, et, après examen et vérification faite du tout, sur le rapport du bureau des marguilliers, l'a clos et en a arrêté :

Les recettes effectuées à la somme de... (*en toutes lettres*).

Les dépenses payées à celle de...

Les recettes à effectuer à celle de...

Les dépenses à payer à celle de...

D'où résulte entre les sommes reçues et celles payées une différence de la somme de...., qui deviendra le premier article des recettes (ou dépenses) extraordinaires du comte de 186...

(*Si le conseil a quelques injonctions à faire au comptable, on les mentionne ici*).

Toutes les opérations de l'exercice 186.. sont déclarées définitivement closes et les crédits annulés.

Une expédition de la présente délibération sera, par les soins de M. le président, remise au trésorier pour lui servir de décharge.

M. le président a ensuite soumis à l'examen du conseil le projet de budget de 186.., dressé par le bureau des marguilliers. Ce projet appuyé des renseignements propres à en justifier les propositions, ayant été discuté article par article, le conseil a procédé au vote du budget et en a réglé :

Les recettes ordinaires à la somme de....

Les recettes extraordinaires à celle de....

Les dépenses ordinaires à celle de....

Les dépenses extraordinaires à celle de....

Et l'excédant de recettes (ou de dépenses) à...

(*Ecrire ici les autres délibérations, s'il y en a*).

Lorsqu'on a procédé à une élection de remplacement triennal, opération à laquelle ne peuvent prendre part que les membres de droit et les fabriciens restant en exercice, on arrête le procès-verbal de la manière suivante :

Personne ne demandant plus la parole, M. le président a rappelé au Conseil qu'il restait à procéder à diverses élections, et a annoncé qu'il allait commencer par la nomination de trois fabriciens en remplacement de MM... Préalablement, le procès-verbal a été arrêté et signé après lecture, par tous les membres présents.

(Signatures.)

L'élection est ensuite constatée au procès-verbal de la manière suivante :

Le Conseil composé de MM...., membres de droit et fabriciens restant en fonctions, sur l'invitation de M. le président, a procédé à la nomination de trois fabriciens en remplacement de ceux dont le mandat est expiré. Chaque

11

membre a émis son vote en écrivant trois noms sur un bulletin qu'il a remis fermé à M. le président. Il est résulté du recensement des bulletins que M.... a obtenu.... suffrages, M... suffrages, etc.

En conséquence, MM.... ayant obtenu la majorité nécessaire, M. le président les a proclamés membres du Conseil de fabrique.

Enfin, le Conseil, en exécution des art. 9 et 11 du décret du 30 décembre 1809, a successivement procédé à l'élection annuelle de son président, de son secrétaire et d'un membre du bureau, en remplacement du marguillier sortant.

Ont été élus à la majorité des voix :

Président, M.... Secrétaire, M.... Membre du bureau, M....

Lesquels ont déclaré accepter ces fonctions.

Toutes les matières à soumettre à la délibération du Conseil étant épuisées, le procès-verbal a été clos, et après lecture dudit, les membres ont signé, et le président a levé la séance.

Fait les jour, mois et an susdits.

(Signatures).

N° 2. *Billet de convocation pour une session extraordinaire.*

————————

A..... le..... 186.....

Monsieur,

J'ai l'honneur de vous inviter à vous trouver à la réunion extraordinaire du Conseil de fabrique qui aura lieu le...., à.... heures du..., pour délibérer sur...

Recevez, Monsieur, l'assurance de ma considération très-distinguée,

Le Président,

(Signature)

————————

Nᵒ 3. *Délibération du conseil de fabrique dans le cas d'une session ordinaire.*

L'an de grâce mil huit cent soixante... le....

Le Conseil de fabrique de l'église de..., dûment convoqué pour la tenúe de la session ordinaire de..., s'est réuni à l'issue de la messe paroissiale (ou des vêpres), dans la sacristie (ou au presbytère), lieu ordinaire de ses séances, sous la présidence de M....

Etaient présents MM..., formant la majorité du conseil.

M. le Président a dit.... ou a exposé.... (*Indiquer ici séparément les divers objets soumis à la délibération du conseil, et exprimer l'avis ou le vœu motivé qu'il a émis sur chacun d'eux.*)

Toutes les matières à soumettre à la délibération du Conseil étant épuisées, le procès-verbal a été clos et signé par les membres présents, après lecture faite.

(Signatures)

Lorsque les travaux de la session ne peuvent

être terminés le même jour, le procès verbal est arrêté à la fin de chaque séance ainsi qu'il suit :

Le Conseil ne pouvant épuiser aujourd'hui toutes les matières soumises à son ordre du jour, s'est ajourné à dimanche prochain pour continuer sa délibération.

De tout quoi il a été dressé le présent procès-verbal, qui a été signé par les membres présents, et après lecture faite, le Président a levé la séance.

Fait les jours, mois et an susdits.

(Signatures).

Nº 4. *Délibération dans le cas d'une session extraordinaire.*

L'an de grâce mil huit cent soixante..., le...

Le Conseil de fabrique de l'église de..., convoqué extraordinairement en vertu de l'autorisation de M. le Préfet (ou de Mgr l'Evêque), en date du..., à l'effet de délibérer sur..., s'est réuni à l'issue de la messe paroissiale (ou des vêpres), dans la sacristie (ou au presbytère), lieu ordinaire de ses séances, sous la présidence de M....

Étaient présents MM..., formant la majorité du Conseil.

M. le Président a ouvert la séance, et a dit... (comme plus haut).

Lecture faite du présent procès-verbal, les membres présents l'ont signé et M. le Président a levé la séance.

Fait et délibéré les jour, mois et an susdits.

(Signatures).

N° 5.   *Cahier des charges d'un bail à ferme.*

Cahier des charges contenant les clauses et conditions auxquelles sera passée l'adjudication du bail à ferme des biens ruraux appartenant à la fabrique de l'église de .... et désignés ci-après :

1° Une pièce de terre.... etc. (*La désigner exactement*). 2° etc....

Art. 1ᵉʳ (*Indiquer toutes les conditions du bail*).

Art... Le bail n'aura d'exécution qu'autant qu'il aura été approuvé par M. le Préfet, et qu'à dater du jour de son approbation.

Fait à.... en séance, le....

Les membres du bureau de la fabrique,

(Signatures).

Nᵒ 6.   *Affiches*.

———————

On fait savoir que, le.... à.... heures du..., il sera, par devant Mᵉ.... , notaire, en la sacristie de.... (ou au presbytère), procédé à l'adjudication, au plus offrant et dernier enchérisseur, et à l'extinction des feux, du bail à ferme pour.... années consécutives, qui commenceront le.... des biens ruraux dont la désignation suit :

(*Faire le détail des biens à louer*).

On peut prendre connaissance des clauses et conditions du cahier des charges dudit bail à faire, en la sacristie (ou au presbytère), tous les jours non fériés, de. ... heures du .... à. ... heures du. ...

Fait à. ... le. ...

Le marguillier-trésorier.

(Signature.)

L'affiche doit être sur papier de couleur timbré.

Nota. — *L'acte d'adjudication étant rédigé par le notaire, il est inutile d'en donner ici le modèle.*

Quant aux baux à loyer, on peut employer les formules indiquées pour les baux à ferme en remplaçant les mots bail à ferme *par* bail à louer.

N° 7. *Règlement concernant la concession des places et des bancs à l'église.*

Art. 1er. — Les bancs et places de l'église de. ... seront concédés à la demande des fidèles pour un temps qui ne pourra être moindre d'une année, ni plus que la vie des concessionnaires.

Art. 2. — Toute personne qui voudrait obtenir un concession de cette nature devra en faire la demande au bureau de la fabrique (sur une feuille de papier timbré, et faire soumission de payer entre les mains du marguillier-trésorier, une prestation annuelle qui ne pourra, en aucun cas, être inférieure à... francs. La demande devra contenir la désignation exacte ou le numéro du banc, ainsi que la durée de la concession que l'on désirera obtenir.

Art. 3. — La demande sera affichée, et publiée pendant un mois, à la porte de l'église afin que chacun puisse obtenir la préférence par une offre plus avantageuse. Cette offre devra être faite par écrit et dans les mêmes formes que la demande elle même.

Art. 4. — A l'expiration du délai d'un mois fixé par les affiches, la demande sera soumise à la délibération du Conseil, et, sur son autorisation, il sera procédé à son adjudication par le bureau de la fabrique.

11.

Art. 5. — Le procès-verbal d'adjudication sera soumis, dans les vingt-jours suivants, à la formalité de l'enregistrement, aux frais de l'adjudicataire.

Art. 6. — Le prix de la concession sera payé annuellement et d'avance entre les mains et au domicile de M. le marguillier-trésorier. Le premier payement sera exigible dès le premier jour de la jouissance, et les payements subséquents seront effectués à pareil jour de chacune des autres années de la durée de la concession.

Art. 7. — A défant de payement dans le mois qui suivra l'échéance annuelle, la résiliation du bail sera facultative pour la fabrique, sans préjudice des poursuites qu'elle aurait le droit d'exercer contre l'adjudicataire, si elle préférait continuer la location.

Art. 8. — La location sera résiliée de fait, si l'adjudicataire vient de quitter la paroisse sans y conserver de domicile.

Art. 9. — S'il était jugé convenable d'apporter quelque changement dans le placement et distribution de bancs, les concessionnaires ne pourraient y former aucune opposition, ni aucune diminution du prix de location. Si toutefois il résultait de ces changements un préjudice notable pour le concessionnaire, celui-ci aurait le droit de demander et d'obtenir la résiliation du bail, mais sans pouvoir prétendre à une indemnité.

Art. 10. — Il ne pourra être fait de sous-location ; cependant tout concessionnaire pourra admettre une ou plusieurs personnes à la jouissance d'une partie de son banc, après en avoir prévenu le bureau de la fabriqne.

Art. 11. — Indépendamment des concessions qui seront faites pour une prestation annuelle, des concessions pourront être accordées au prix d'un capital ou d'un immeuble, sauf l'accomplissement des formalités prescrites par les art. 69 et 71, du décret du 30 décembre 1809.

Art. 12. — Le présent règlement, approuvé par le Conseil de l'œuvre et fabrique de l'église de . . . , sera affiché à la porte de la sacristie, et mis en vigueur à dater du. . . .

Fait à. . . , le. . . .

(Signatures).

N° 8.   *Demande de concession.*

———————◆———————

Je soussigné. . . ., demeurant à. . . ., dési-
rant obtenir la jouissance d'un banc dans l'é-
glise de...., pour moi et ma famille, prie MM. les
membres du bureau de la fabrique de ladite
église, de vouloir bien m'accorder la concession,
pour.... années consécutives, du banc portant
le numéro..., lequel est vacant en ce moment,
m'obligeant à payer annuellement et d'avance
à la fabrique, pour prix de cette concession et
pendant sa durée, la somme de...., et à me
conformer aux dispositions du règlement en
date du...., dont je déclare avoir une parfaite
connaissance.

A...., le....

(Signatures).

N° 9.   *Affiches.*

———————————————

Le marguillier-trésorier, porte à la connaissance des paroissiens, que le..., il a été fait

une offre de concession pour.... années et moyennant le prix annuel de...., du banc de l'église portant le numéro....

Il invite les personnes qui désireraient obtenir la préférence, par une offre plus avantageuses, à déposer leur soumission au bureau de la fabrique avant le.... prochain.

A...., le....

(Signature).

N° 10.   *Délibération du conseil.*

Le Conseil de fabrique,

Vu la demande présentée le...., par...., tendant à obtenir la concession pour.... ; et attendu qu'après affiches et publications dans les formes prescrites, il n'a été fait aucune offre plus avantageuse,

Accepte la soumission faite par M..., et autorise Messieurs les membres du bureau à procéder à l'adjudication de ladite concession.

A..., le....

(Signature).

Nº 14   *Acte d'adjudication.*

L'an de grâce mil huit cent..., le..., nous, membres du bureau de la fabrique de l'église de..., réunis en séance publique pour, en suite d'affiches et publications dans les formes prescrites par la loi, procéder à l'adjudication de la location du banc de l'église portant le numéro..., adjudication autorisée par délibération du Conseil en date du...,

Vu la demande et soumission faite le..., par M..., et attendu que, dans le délai fixé par les affiches, il n'a été fait d'offre plus avantageuse que celle dudit soumissionnaire,

Déclarons M..., adjudicataire de la concession du banc désigné ci-dessus, pour.... années consécutives, qui commenceront le présent jour, moyennant la somme de..., que M.... s'engage à payer annuellement et d'avance, en un seul terme, et à la charge par lui de se conformer aux dispositions du règlement arrêté

par le Conseil, le..., et dont lecture a été donnée à l'ouverture de la séance.

Et a ledit M.... présent et acceptant, signé
avec nous le présent procès-verbal, qui sera, à
ses frais, soumis à la formalité de l'enregistrement dans le délai de vingt jours.

Fait à..., les jours, mois et an que dessus.

(Signature de l'adjudicataire).

(Signatures des membres du bureau).

NOTA. — *Lorsque plusieurs demandes de concessions seront faites à peu près à la même
époque, on pourra les réunir et les comprendre
dans une seule affiche et par suite ne faire
qu'un procès-verbal, dans lequel chaque adjudication sera successivement consignée. Le procès-verbal d'adjudication pour une seule concession peut, sans contravention aux lois du
timbre, être rédigé sur la même feuille que la
demande, et à sa suite.*

Fabrique de l'église de...

Tarif du prix des chaises aux différents offices.

1° Dans la semaine :

Tous les jours ouvrables. — Messe basse. . »

2° Dimanches et fêtes ordinaires :

Le matin. — Messe basse. . . . . »

     —   Grande messe. . . . . »

Après-midi. — Sermon, vêpres et salut, en-
semble, ou l'un d'eux. . . . . »

     —   Petites vêpres et sermon du
soir, ou l'un d'eux. »

3° Grandes fêtes :

(*L'Epiphanie, les Rameaux, Pâques, Quasimodo, la Pentecôte, les deux Fêtes-Dieu, l'As-
somption, la fête patronale, la Toussaint, la
Dédicace, Noël*).

Le matin. — Messe basse. . . . . »

     —   Grande messe. . . . . »

Après-midi. — Sermon, vêpres et salut, ou
l'un d'eux...........................»
— Petites vêpres et sermon, ou
l'un deux...........................»

4° Octaves des fêtes :

Tous les saluts......................»
Idem, avec sermon...................»

5° Carême :

Sermons, homélies et instruction........»
Conférences et instructions du soir......»

6° Mariages :

Au chœur...........................»
A l'une des chapelles.................»

7° Convois et services :

Au chœur...........................»
A l'une des chapelles................»

Le présent tarif, conforme à la délibération
du Conseil de fabrique, en date du....

Le président du bureau,

(Signature).

No 13. *Cahiers des charges pour la ferme des chaises.*

Cahier des charges contenant les clauses et conditions auxquelles sera donné l'adjudication de la forme des chaises de l'église de....

Art. 1ᵉʳ. — (*Expliquer clairement toutes les conditions*).

Art. 2. — Le présent cahier des charges, dressé par le Conseil de fabrique de l'église de..., sera soumis à l'approbation de M. le Préfet,

A..., le....

Les membres du Conseil de fabrique,

(Signatures).

Nᵒ 14. *Cahiers des charges pour adjudication d'objets mobiliers ou de fruits ruraux.*

Cahier des charges contenant les clauses et conditions auxquelles sera donnée l'adjudication de....

Art. 1ᵉʳ. — L'adjudication de..., dont la vente a été autorisée par arrêté de M. le Préfet, en date du..., sera faite au plus offrant et dernier enchérisseur, à l'extinction des feux, sur la mise à prix de…. francs, par devant les membres du bureau de la fabrique, réunis à cet effet en séance publique.

Art. 2. — L'adjudication sera soumise à l'approbation de M. le Préfet, et ne sera définitive et valable qu'à dater de cette approbation.

Art. 3. — Le prix de l'adjudication sera versé, dans le délai de dix jours après l'approbation, entre les mains de M. le marguillier-trésorier.

Art. 4. — Les frais d'affiches, de criée, timbre et enregistrement, et tous autres frais de l'adjudication seront à la charge de l'adjudicataire.

Art. 5. — L'adjudicataire ne pourra se mettre en possession desdits…, qu'après payement intégral du prix principal et des frais d'adjudication.

Fait à…, le….

Les membres du bureau de la fabrique,

(Signatures).

N° 15, *Affiches.*

Fabrique de l'église de...

On fait savoir que le..., à... heures du..., il sera, par devant MM. les membres du bureau de la fabrique, au lieu ordinaire de leurs séances, au presbytère (*ou* à la sacristie), procédé à l'adjudication, au plus offrant et dernier enchérisseur, des objets ci-après détaillés, savoir..

On pourra prendre connaissance du cahier des charges de cette adjudication, au bureau de la fabrique (au presbytère *ou* à la sacristie), tous les jours non fériés, de... heures de..., à... heure du....

Fait à..., le....

Le marguillier-trésorier,

(Signature).

N° 16. *Procès-verbal d'adjudication.*

L'an de grâce mil huit cent..., le..., à.... heures du..., nous, membres de la fabrique de..., nous sommes réunis au presbytère, dans la salle de nos séances, pour, en suite d'affiches et publications dans les formes et aux lieux accoutumés, procéder à l'adjudication, au plus offrant et dernier enchérisseur, à l'extinction de deux feux francs sous enchères, des....

Lecture faite du cahier des charges de l'adjudication, et attendu qu'il s'est trouvé un nombre suffisant d'enchérisseurs, nous avons annoncé qu'il allait être procédé à la réception des enchères, sur la mise à prix de.... francs, et que chaque enchère devait au moins de.... francs.

Un premier feu ayant été allumé, M..., a offert des objets à vendre la somme de..., le sieur N..., celle de..., etc.

Deux feux ayant été ensuite successivement allumés et s'étant éteints sans nouvelles enchères, nous avons adjugé à M..., demeurant à..., les objets ci-dessus énumérés, sous l'obligation par ledit M.... de se conformer aux dispositions du cahier des charges, dont lecture a été donnée l'ouverture de la séance. Et à l'instant, l'adjudicataire nous a présenté pour sa caution, M..., qui a accepté et qui s'est engagé solidairement avec lui à l'entière et parfaite exécution des clauses et conditions de l'adjudication.

Et ont les MM..., adjudicataire et caution, signé avec nous le présent procès-verbal.

Fait à..., le jour, mois et an que dessus.

(Signatures).

Nº 17. *Délibération du conseil de fabrique relative à un legs.*

—

L'an de grâce mil huit cent soixante..., le...

Le marguillier-trésorier a fait connaître au Conseil que, par testament en date du..., M..., décédé à..., le..., a légué à la fabrique.... (*indiquer l'objet*), et que le Conseil était en conséquence, invité à prendre connaissance des dispositions de ce testament, et à donner son avis sur les avantages qu'il y aurait pour la fabrique à accepter cette libéralité.

Le Conseil, après avoir délibéré,

Considérant que les charges attachées à l'acceptation du legs ne sont pas supérieures à l'avantage que la fabrique doit retirer de l'acceptation,

Est d'avis que le legs doit être accepté.

Fait et délibéré à..., les jour, mois et an que dessus.

(Signatures).

N° 18.   *Procès-verbal d'évaluation de l'objet légué.*

Aujourd'hui..., je soussigné, M..., expert nommé par délibération du Conseil de fabrique de l'église de..., en date du..., pour faire l'estimation d'un terrain nature de..., situé à..., légué à ladite fabrique par M..., suivant acte authentique en date du..., me suis transporté sur ledit terrain.

Ayant consulté les renseignements que j'avais recueillis à l'avance, tant sur le prix de vente que sur le prix de location des terres de cette situation, j'ai estimé le terrain légué à la fabrique, en capital à la somme de..., en totalité et en revenu, à la somme de..., aussi en totalité par année.

En foi de quoi, j'ai rédigé le présent procès-verbal.

Fait et clos à..., les jour, mois et an que dessus.

(Signature).

No 19. *Adhésion des héritiers à la délivrance du legs.*

—

Je soussigné, M..., demeurant à..., héritier légal de M..., mon (*indiquer le degré de parenté*), décédé à..., le..., déclare ne vouloir élever aucune opposition contre la délivrance du legs de..., (*objet*) fait par M..., dans son testament du..., à la fabrique de l'église de..., et donne mon plein consentement à ce que, sous ce rapport, la volonté du testateur s'accomplisse.

A..., le...,

(Signature).

Vu pour légalisation de la signature de M..., apposée ci-dessus.

A..., le....

Le Maire de....

(Sceau),   (Signature).

N° 20. *Certificat du maire constatant l'état de fortune des héritiers.*

—

Nous, Maire de la commune de....

Certifions que les MM..., héritiers de M..., qui a légué à la fabrique de l'église de ce lieu..., (*l'objet*), suivant son testament en date du..,, sont tous dans une position aisée, et qu'ils n'ont aucun motif pour s'opposer à la délivrance dudit legs.

Fait à..., le...,

Le Maire,
(Signature).

12

N° 21.   *Mandat de payement.*

Diocèse de.....

Exercice 186....

Art. du budget

Montant du mandat
fr.   c.

(1) L'art... du budget de
186... ou par décision spéciale du... 186 ..

Fabrique de l'église de...

Mandat de payement.

M..., marguillier-trésorier, payera à M... la somme de...... pour...... dépense autorisée par (1).

Ladite somme sera allouée en dépense au trésorier dans son compte pour l'exercice 186..., sur la reproduction du présent mandat dûment quittancé et appuyé des pièces justificatives désignées ci-dessous.

A..., le...

Le président du bureau,

(Signature).

Pour acquit de la somme de.....

A..., le...

(Signature du créancier).

Détail des pièces justificatives de la dépense.

1°
2°

N° 22. *Certificat d'installation à envoyer à la préfecture.*

Nous soussignés, membre du bureau des marguilliers de l'église de N., canton de N., certifions que M. N. (*nom et prénoms*), originaire de N., nommé (curé ou vicaire) de l'église succursale de N. (*si c'est un canton, nommé curé ou vicaire de N.*), par M. l'évêque de (*dire le nom du lieu*), s'est rendu à son poste et en a pris possession aujourd'hui N. (*jour du mois et an*) ou (*s'il s'était rendu plus tôt*) en a pris possession le N. du mois de N.

En foi de quoi, fait à N., le N. (*suivent les signatures des marguilliers.*)

Nota. Ce certificat est toujours fait sur papier libre et envoyé en double expédition à l'évêché qui en fait tenir un exemplaire à la préfecture.

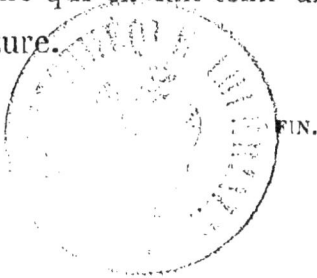

FIN.

TABLE

Dages.

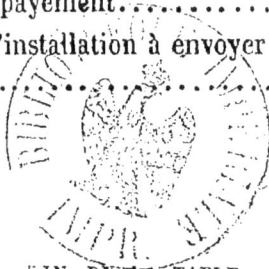

FIN DE LA TABLE.

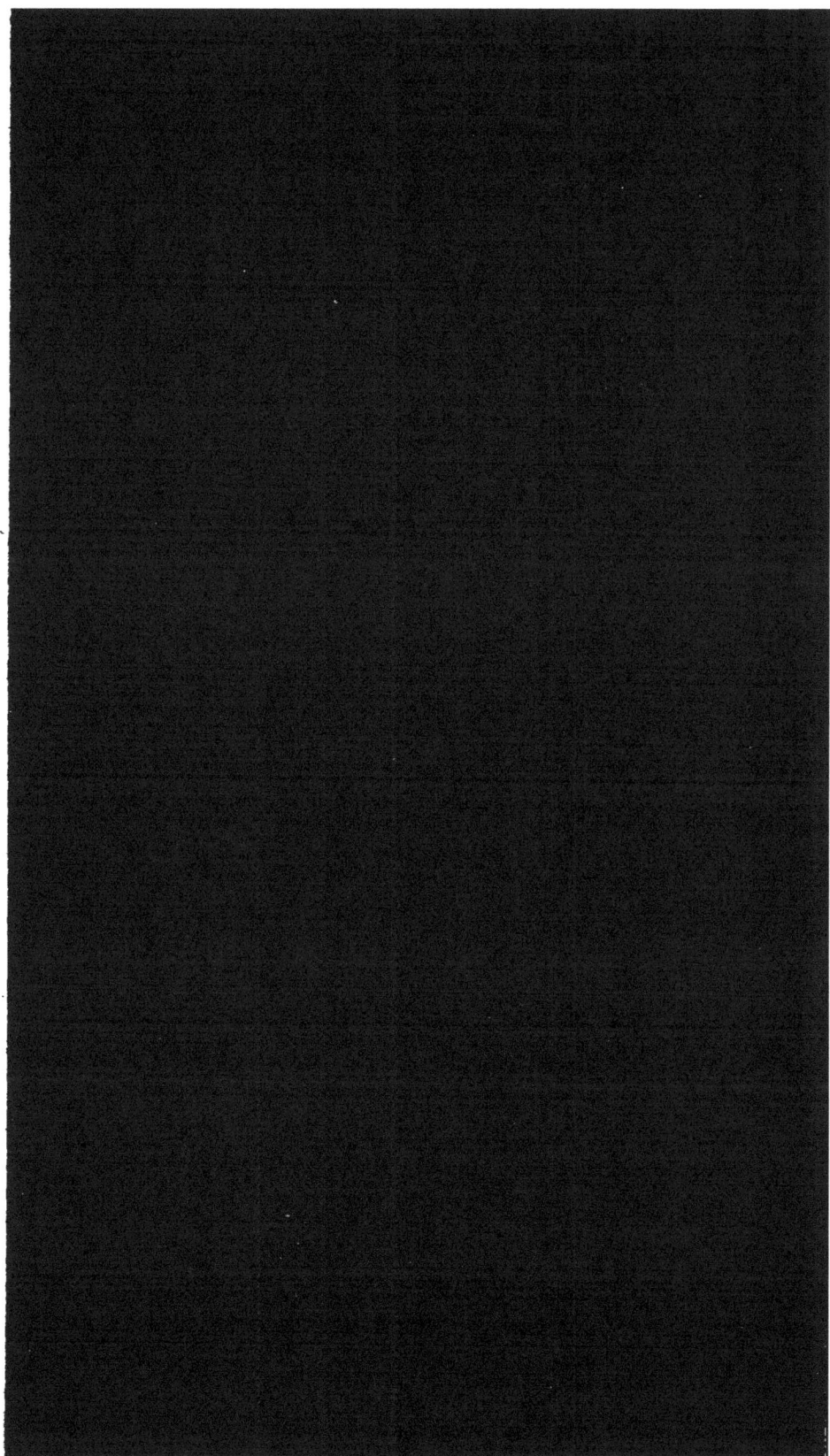

LES ACTES DE LA VIE DES SAINTS

POUR TOUS LES JOURS DE L'ANNÉE

d'après le Martyrologe et le Calendrier romains

PAR M. L'ABBÉ E. L. J. BAUDIN
curé de Bouranton, diocèse de Troyes

AVEC L'APPROBATION ÉPISCOPALE

6 vol. in 12. Prix : 9 fr. *franco* **par la poste.**

MISSIONS DE L'EXTRÊME ORIENT

ou

coup-d'œil sur les persécutions de la Chine, de la Cochinchine du Tong-king et de la Corée

Par M. l'Abbé CAMILLE LENFANT

avec l'approbation de S. É. Mgr le Cardinal-Archevêque
de Bordeaux

1 vol. in 12. Prix : 1 f. 50 *franco* **par la poste.**

Paris. — Typ. COSSON ET COMP. rue du Four-Saint-Germain, 43.

www.ingramcontent.com/pod-product-compliance
Lightning Source LLC
Chambersburg PA
CBHW071705200326
41519CB00012BA/2623